产品智造

企业如何创新创优

冯叔君　冯逸舟　余　倩◎编著

Products
with Wisdom
How Companies
can Innovate

中国出版集团　东方出版中心

序

　　如何突破工匠培养中的瓶颈难题，推动工匠精神真正落地，是当代中国制造业的生命所在，也是当代青年的责任，按习近平总书记要求，坚定理想信念，学习不停步、奋斗不停步、奉献不停步，脚踏实地创新、创业、创优，让青春在中国梦的实现中焕发光彩。中国梦为每个人提供了实现梦想的舞台，中国梦需要青年、成就青年。

　　写本书的时候，我就想起三个名词：一是艾利斯顿商学院(Alistun College)，它是电视剧《一起来看流星雨》及其续集《一起又看流星雨》中一个虚构的贵族商学院。"创新与创优"就是中国智造的艾利斯顿商学院。

　　二是Gig经济，又称为"零工经济"、"临时工经济"，是一种新兴的经济方式。例如，今天A公司需要开发一个软件，然后B公司会通过网络等渠道临时组建一个团队来完成这个项目，项目结束，团队解散。也就是说，参与项目的开发者跟B公司之间并没有一种长期的雇佣关系。目前国内一些技术众包网站，基本就是这种形式，比如程序员客栈、快码众包等。当然，Gig经济不局限于软件开发，只不过软件开发是比较容易实现Gig的一种方式而已。在共享经济时代，从事Gig经济的人士必须具有"创新与创优"的工匠精神。

三是心商，其内涵是指智商较高的人能够敏锐地感知自然现象和社会现象的某些细微变化，并能够迅速、准确、全面、深刻地认识和掌握其内在本质和规律性，因而具有较高的专业技术水平和科研能力。这样的人对于客观事物及其规律性有敏锐的观察能力、全面的分析能力、深刻的理解能力和强大的记忆能力。心商较高的人能够敏锐地感知社会现象和个人言行的某些细微变化，并能够迅速、准确、全面、深刻地认识和掌握事物的内在本质和规律性，严格地控制自身各种活动，准确地估算、全面地掌握、深刻地了解自身活动可能产生的积极作用和消极作用，从而正确而果断地作出相应的行为决策，有顽强的毅力和坚韧不拔的意志；心胸宽阔、严于律己，有强烈的社会责任感和牺牲精神，等等。

由此，导出撰写本书的目的：以本书为教材，办一所培养具有很高心商的、从事Gig经济的创业工匠的艾利斯顿商学院(Alistun College)。

冯叔君
2017年仲秋之夜

目 录
Contents

第四章　隐形冠军对产业转型的引领意义

第七章　国内各行业亮点案例

第八章　创新创优与产业国家转型

第一章
世界经济背景下的中国经济现状

第一节
全球金融危机向实体经济全面扩散

> 　　金融危机的传导机制体现了一种综合效应。一旦金融
> 市场出现紊乱或冲击，通过凯恩斯效应、威克塞尔效应、
> 财富效应和资产负债表效应，就有可能导致严重的后果：
> 投资全面下降，各种生产性或"非生产性"活动全面收缩，
> 国民经济经历严重衰退[①]。
> 　　　　——周寿彬《美国金融危机与实体经济的互动机制研究》

　　在经济全球化的过程中，国家间金融联系的变化不仅体现在连接强度和连接形式多样化方面的大幅提高，还体现在拓扑连接的复杂性日益增加。从地方发展到世界、从发达国家到新兴市场国家、从金融部门到实体经济蔓延开来的金融危机，对世界经济发展都有严重的影响。从全球角度来看，美国金融危机在国际金融、国际贸

---

　　① 周寿彬. 美国金融危机与实体经济的互动机制研究 [D]. 西南财经大学，2010.

易、国际投资等渠道蔓延，全球实体经济下滑，导致全球消费下滑、投资放缓、出口下滑、经济衰退、失业率上升。在全球金融体系持续连接的背景下，美国金融危机在国际金融市场之间、金融市场和全球实体经济之间的传导效应大大提高。

1. 基于全球价值链的中国经济新挑战

价值链是全球经济周期中最重要的链条之一，占据价值链的核心，这意味着控制整个价值链中的资金流动[1]。全球竞争的未来将会

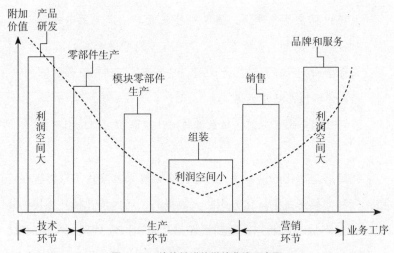

图 1.1.1　价值链增值微笑曲线示意图

资料来源：有关全球价值链理论的研究综述　陈柳钦

http://www.360doc.com/content/16/1211/18/38975337_613846906.shtml

---

① 张茉楠.新一轮产业与科技革命带来哪些新挑战.中国中小企业，2016(1).

是竞争价值链，建立中国自己的全球价值链战略应该推向国家战略高度，这是中国壮大经济实力的关键。

全球价值链主宰了全球贸易格局的深刻变化。在过去十年中，国际分工越来越多地表现为不同产品在同行业之间以及同一产品之间不同的流程、不同的增值链接之间的多层次分工。国际分工的范围和领域不断扩大，逐步从产业分工到产品内分工，逐步演变为以产品内分工为主要分工。基于产品内分工的中间投入品的贸易称为产品内贸易，形成了"全球价值链分工"体系。"价值链的全球分工"有三个突出特点：至少连续两个生产阶段产生最终产品；两个以上的国家参与生产过程，并达到不同阶段的增值；至少有一个国家在生产过程中使用进口投入品。

据统计，1913年至1948年世界商品出口的平均增长率仅为0.7%，1948—1990年，超过6%，1990—1997年为6.7%；世界出口占世界GDP的比例，20世纪50年代初为5%，20世纪70年代初为10%，1990年初期为15%，1995年为20%。1980年至2011年间，世界贸易平均增长了7%，2013年达到18.78万亿美元，全球价值链、产业链和供应链对国际生产、国际贸易和国际投资产生了深远的影响，使全球市场更加相互依赖。同时，全球价值链给国家经济安全也带来了新的挑战：

首先，全球价值链加强了全球经济的协同效应，放宽和加速了国际交流的影响，扩大了全球经济增长或衰退的风险。原因是产品链中不同的生产链位于不同的国家，导致中间贸易的跨境贸易频繁，贸易程度受到扩张程度的影响；全球供应链非常复杂，通过结构效应和供应链很快就会把风险传递到整个产业链。对全球价值链中外部收入变化较敏感的行业和地区的结构性影响，如耐用品行业和东亚金融危机爆发后，消费者通常率先大幅度减少耐用消费品的消费，消费支出已经减少。2008年，耐用品在全球贸易中的份额接近40%，耐用品贸易急剧下降是金融危机期间全球贸易下滑的重要原因。由于与全球价值链的深度整合，东亚一直更容易受到美欧经济周期的影响。供应链效应是指全球价值链的内在价值，这将加速或扩大商业周期的影响。例如，跨境贸易对跨境贸易的影响对系统性贸易冲击有重大影响；由于业务周期库存调整的影响，供应链中的任何节点将在相应的生产条件下快速沿供应链传输，扩大业务周期的影响。

第二，全球价值链使中间产品进口比重高的企业更易受到关税风险的影响。这是全球生产链延伸的结果，中间进口商品的多次跨国交易，每次积累的小数额关税最终会使出口企业实际承担的关税负担加重。经合组织对全球价值链的贸易政策报告显示，2009年中国总出口关税仅4%，但转化为出口关税对国内增加值（即由中国出口商实际承担的有效关税）却为17%，比美国、欧盟、日本、越南等其他国家高。

第三，全球价值链追随者可能面临"低端锁定"风险，造成社会、环境、工作条件、职业安全与卫生、就业保障等诸多问题。面对全球化分工的不合理性，应提高中国外资利用水平，我们必须从根本上扭转我国在全球价值链纵向分工体系中的不利条件。

　　近几十年来，世界市场已经分散化，形成了全球价值链垂直分工体系。世界价值链顶端的采购商和品牌商，以其核心技术、关键技术、技术标准和品牌控制，通过全球供应链分销，将位于价值链下方的中间产品向其他国家转移，不仅缓解了本国资源和环境的压力，也从中取得高垄断利润，也是通过严格控制全球供应商之间的合同关系。

　　一般来说，国际贸易价值链的风险来源包括：经济风险（如需求冲击，商品价格波动，全球能源短缺，关税波动，劳动力短缺，边境延误，所有权或投资限制，汇率波动）；环境风险（如自然灾害、极端天气和疾病传播）；地缘政治风险（如冲突和政治紧张局势、进出口限制、恐怖主义、腐败、非法贸易和有组织犯罪、海盗）；技术风险（如信息通信阻断、基础设施故障等）。

2. "去杠杆化"进程冲击经济

　　"去杠杆化"不是仅靠财政紧缩实现。对于发达国家，如果我们不能从根本上改变严重依赖政府债务的经济增长模式，调整财政收支结构，重估福利制度，恐怕"悬崖式"的影响将继续上演。修复损坏的资产负债表必将

会经历一系列危机，包括金融危机、债务危机等。因此，如果"去杠杆化"全面完成，世界经济才能真正恢复。这意味着危机去除过程基本上就是一个"去杠杆化"过程。

所谓的去杠杆化是指信贷泡沫破灭后减少过多的债务，增加资本，减少债务率的行为，也就是修复债务清单的过程。各经济体的主要部门——金融、家庭、企业和政府层面叠加去杠杆化，以及消费和债务人的自我强化循环使得去杠杆化进程更加痛苦和漫长。

一般来说，去杠杆化必将经历以下过程：早期衰退、私营部门的去杠杆化、经济复苏和公共部门的去杠杆化。在经济衰退的初期阶段，私营部门债务比率上升，公共部门债务开始上升，这个阶段通常为一到两年；在第二阶段，私营部门去杠杆化阶段，私营部门现金流量增加，经济复苏，但因为政府采取财政刺激措施，公共部门债务利率达到高位，这个阶段的持续时间通常是三到四年；在第三阶段，公共部门去杠杆化，但在这段时间随着国内生产总值的反弹，整个社会的债务比率将再次上升，公共部门必须开始一个长期的去杠杆化进程，这个阶段将持续约10年。

国际经验表明，"去杠杆化"是经济危机、金融危机和债务危机过程中必不可少的一个阶段。然而，管理这一过程可能一帆风顺，也可能挫折重重，它会对宏观经济产生重大影响，引发新的金融风险冲击。因此，如何有效促进"去杠杆化"是任何一个国家都会面临的主要挑战。

金融"去杠杆"进一步影响了中国的宏观经济。中国2014年1

月份的社会融资总额为2.58万亿元，较上一年12月激增1.33万亿元，甚至超过了2013年第一季度的"天量"社会融资水平，但货币供应量持续下滑。银行资产和负债明显偏离：一是人民币贷款增加1.32万亿元，同比增加2 496亿元，但人民币存款余额9 402亿元，下降2.05万亿元；第二是M1（狭义货币）与M2（广义货币）之间差距变大。

　　这背后有什么问题？事实上，财务数据的矛盾反映了中国"去杠杆化"过程的复杂性。自2008年国际金融危机爆发以来，中国经济在世界主要经济体中的杠杆上升趋势越来越突出。与美国不同，中国的经济杠杆来自实体的融资需求，特别是地方政府通过融资平台、贷款利用、城镇债务、信托、BT等方式增加杠杆。另外，银行机构虽然杠杆率不高，但通过扩大资金形成"影子银行"，客观推高了资产负债表。

　　根据资产负债表，资产方主要是源于长期、流动性差的投资，但债务方源于短期、流动的债务工具，资产方和债务方、供应方和需求方的时限和流动性不匹配导致融资成本大幅增加，特别是由于库存不断增加，融资资金增加，信贷需求增加，融资利率上升。

　　然而，过去一两年推动的"去杠杆化"进程并没有导致杠杆进一步下滑。中央银行财务月报显示，贷款和资产负债表外贷款增幅最大，分别增长23.12%和92.38%。

对于任何经济体来说，"去杠杆化"是一个非常痛苦的过程。金融风暴以来，发达国家面临高额债务，以"去杠杆化"为主，但除了美德两国之外，大多数国家还没有成功，甚至反而造成杠杆化增加的局面。

在次贷危机爆发前，美国经历了长期的快速信贷增长，其债务水平远高于国内生产总值的名义增长率，到2008年次贷危机的前夕，其债务已达到国内生产总值的370%。危机爆发后，政府开始增加杠杆作用：一是资本需求方面，政府发行的债券将从私营部门转移到政府部门，政府资本成为主要需求方；二是资本供应，债券部门发行债券购买国债，货币当局作为主要资金来源，但究其根本原因在于美元霸权和在全球的特殊地位。

金融危机使中国的宏观经济形势更为复杂。中国采取宽松货币政策和扩张性财政政策，稳定经济增长后的金融危机，导致债务积累越来越多。同时由于间接融资，债务风险集中在银行体系中。

中国的债务杠杆主要体现在公共部门，特别是在地方债务型公共部门债务方面。但目前国家各级政府债务总额约为30.28万亿元，其中地方政府债务余额17.9万亿元，政府债务比例为36.4%，远低于国际负债险率的60%。

现在中国没有总体的债务风险，但是存在流动性风险，也就是政府收入和债务的结构和持续时间与债务分配不匹配，投资效率太低，投资压力太大，资源引领快速扩张的挤压效应，也没有产生真正的业务回报。考虑到2014年和2015年的债务服务压力，目前的股票余额，两年还款额分别达到6.6万亿元、5.2万亿元，虽然2013年土地出让金超过4万亿元，但只有地方政府一次性收入为1/5，足以支付利息，这势必对整体流动性和信贷制度构成挑战。

这表明目前解决地方债务溢出风险，维持流动性合理稳定，创新债务融资模式变得更加迫切。"去杠杆"的最佳方式是债务与资产之间的替代。第一种思路是可以考虑将部分城投债转为市政收益债，将公用事业类的城投债定位为市政收益债，并在地方政府预算中设立特别账户，进而从根本上降低政府融资对社会融资，特别是实体部门融资需求的挤出。第二种思路是建立股权交易市场机构，完善地方政府投资项目退出机制，促进当地出让部分国有股，振兴地方政府融资平台资产，通过资产证券化等资金运作新项目募集资金。第三种思路是使用股权融资来取代债务融资。例如，通过市场转移政府经营资产，偿还债务，债务收益转移资本收益，以减少政府部门的杠杆作用，达到减少整体社会杠杆化的目的。

3. 虚拟经济与实体经济的负面影响会交互作用

虚拟经济的过度繁荣已成为中国经济的负担。2016年12月25日李东生、宗庆后、董明珠在中央电视台，一起讨论中国制造业现处于冬天的深层次因素，这是一场关于实体经济和虚拟经济的辩论。三位一同探讨"虚拟经济过多"，对实体经济，甚至给全社会造成影响。

最初，与传统的金融泡沫相比，互联网产业的影响确实是不足为惧。国际货币基金组织经济学家研究发现，当金融开展违背支撑实体经济的方向，经济增长的积极作用将会下降，甚至对经济产生负面影响。2017年3月麦肯锡发表声明，金融部门的经济利润占中国经济利润份额的80%以上。这意味着许多实体公司盈利微薄，结果导致许多公司不肯再用心运营实业。

中国要强壮不能只靠虚拟经济。回顾历史，我们将发现，实业尤其是制造业通常决定着一个国家的兴衰：英国游离在欧洲国家的边缘，英国贵族都以能说法语为荣，但随着英国工业革命爆发，经济实力上升，才有了以后的日不落帝国。不仅是英国，之后的美国、德国、日本的兴起，都是与自身拥有强大的制造业相关。而依靠资本发展的国家，收入水平虽高，但由于制造业薄弱，很难称之为强国。

2008年次贷危机爆发后，世界各国都意识到只靠金融、互联网是不可行的。美国提出"再工业化"，英国提出"重新工业化"，德国正忙于规划"工业4.0"，特朗普甚至表示将采取一系列政策来抢夺制造业。这些政策，暂时还谈不上冲击中国经济，可是"曹德旺跑了"的声音现已不绝于耳。实体公司非常重要，但不能没有金融业的支撑。现今的中国面临更大的经济压力，人员盈利的不断削弱，依靠廉价劳动力优势参加世界分工竞赛的模式也面对巨大挑战。此时如果不推进实体经济转型升级，增加实际经济利润，经济将面临巨大威胁。

整个经济结构脱实向虚的演变进程已经十年有余，且愈演愈烈。2015 年的中央经济工作会议和 2016 年的中央金融工作会议及前些年的各种经济类会议上的领导讲话，不仅每每提及并且谆谆告诫，要求各经济部门尤其金融机构要对实体经济多加支持。虽然号召有加，措施有力，但是效果不明显。其原因就是局限于道德号召和行政推动，忽略了配置经济资源的根本力量在于市场。

虚拟经济并不是一无是处的负面经济，而是一个国家经济繁荣、实力雄厚、实体强健的体现。但实体不济的虚拟繁荣和经济结构上的虚拟强劲，不利于整体经济的发展，而且会隐藏深层次的风险和危机。

当前的政策出发点，不应该是简单地抑制虚拟经济，倾力地支撑实体经济。实际上，虚拟经济的健康发展是促进实体经济发展的条件，两者都不能忽视。关键在于寻找两者之间的黄金法则线，并据此调整虚实结构。

第二节
供给侧改革深化的启示

供给侧结构性改革需回答的两个问题:一是"供给侧结构性改革"为何重要?二是如何搞好"供给侧结构性改革"?供给侧结构性改革之所以重要,是因为中国经济目前的下行压力主要来自供给侧,产能过剩和超额库存大面积持续存在是中国经济增长的主要拖累,中国经济的总供给和总需求结构失衡,中国经济存在"滞胀"的潜在风险,决定中长期经济发展的关键是供给。搞好供给侧结构性改革的关键是如何调动个人、企业和地方政府投资和创新的积极性,这需要通过全面深化改革来完善激励机制和竞争机制[1]。

——方福前《供给侧结构性改革需回答的两个问题》

---

[1] 方福前.供给侧结构性改革需回答的两个问题.理论探索,2016(3).

我们过去的经济增长一是靠人口红利，一是靠海量投资。但这两个方面都面临着问题，中国的人口红利大概在2005年左右就已经消失了，劳动力总量从2016年开始就在下降。依靠大规模投资来支持经济增长的模式已经无法持续，并面临两个问题，一是回报递减。2009年那一轮刺激，增长速度提高了3个百分点，并保持了很长时间。之后的刺激强度并不比那个时候差，但是效果递减，到最近两年已经没有作用。另一方面，大规模投资刺激经济的负面影响开始加大，杠杆率持续攀升，已经超过了临界点，自2016年开始，中国面临系统性风险的可能性与日俱增。对此，供给侧改革已经成为中国经济改革的主旋律。

1. 实体经济之殇

改革开放以来，实体经济与虚拟经济的关系发生了一系列重大变化。如果实体经济被定义为房地产市场和金融市场之外的部分，可以从2006年之前的数据中发现，中国虚拟经济规模与国内生产总值和工业增加值整体上呈现相对协调发展的态势。而2007年以后，虚拟经济规模开始加速上涨，远超GDP和工业增加值为代表的实体经济发展规模。

然而，没有相应的实体经济支撑的虚拟经济，其实就是经济泡沫，会使社会财富不公平流动。虽然理论界和实务界都感觉到了实体经济与虚拟经济失衡这样一个明显的经济现象，但庞大的虚拟经济带来的经济增长贡献和账面财富在一定程度上蒙蔽了企业和政府

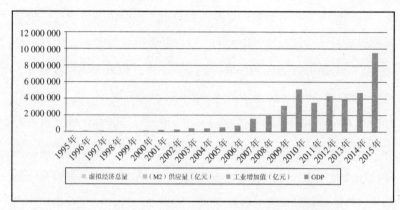

图 1.2.1　我国GDP、工业增加值、M2与虚拟经济规模发展情况

的目光，推动各种经济元素涌向虚拟经济领域，加快与实体经济的失衡，甚至限制和阻碍了实体经济的发展。

目前中国经济的关键问题之一，即实体经济难以支撑虚拟经济的增长。长此以往，风险积聚于靠货币超发维持的虚拟地带，终会导致系统性风险。虽然近年来各级政府都采取了一系列措施来推动实体经济的发展，但收效甚微。在市场环境下，各种经济元素（资源）的流动方向是由资本回报率决定的，任何道德号召与行政推动都会事倍功半，特别是类似于"降准"这种增加银行流动性的措施，因为无法从根本上阻止资金向虚拟领域流动，银根的变松，反而使得实体经济陷入更加尴尬的境地。

粗略计算，以各行业龙头企业为代表的上市公司中，近五年实体经济的净资产收益率为 9.45%，制造业仅为 8.38%，而虚拟经济中，金融企业平均净资产收益率为 18.68%，房地产的泡沫化升值更是高企不下。在资本回报率的推动下，实体经济与虚拟经济的失衡愈演愈烈，这种相互背离的现象还会继续下去。

在市场经济的框架下，因收益率使经济元素流向虚拟领域本无可厚非，不应受道德谴责甚或法律惩戒。需要反思的是实体企业经营环境的税负水平和行政干预状态，以及供给侧改革最基本的企业减负措施为什么不能落实。事实证明，仅靠行政力量的推动改变这种局面是无法实现的。

可以设想的是，对实体经济和虚拟经济实行不同的市场准入条件和差别化税率、利率政策，降低实体企业的税负水平和财务成本，提高实体经济的资本回报率，借此才能吸纳各种经济资源进入实体经济企业，逐步使实体经济与虚拟经济之间实现相互支持、均衡发展的状态。这是供给侧改革的关键。

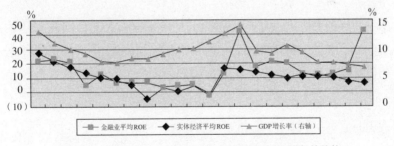

图 1.2.2　我国金融业、实体经济平均 ROE 与 GDP 增长的趋势

2. 虚拟经济与实体经济之间黄金比例何在

至于虚拟经济与实体经济两者之间什么比例关系才是帕累托最

优均衡呢，或者说，两者之间究竟存不存在黄金比例关系呢？目前为止，中国的各种经济研究没有形成自己的虚拟经济与实体经济的比例标准和警戒线。但笔者认为，客观上肯定存在这样一条合理界线，只是需要寻找。

由于经济生活的动态和波动性，这种平衡也在变化，需要长期的观察和测量。以往有课题组对此进行深入研究、数据整理和建模计算。该项研究在分析虚拟经济总量变化情况的基础上，以全要素生产率为标准，并且根据滤波分析和格兰杰因果检验的计量经济学方法分析哪些虚拟经济体对实体经济（工业增加值）影响最大，试图动态地确定虚拟经济与实体经济之间的黄金比例关系。

研究成果《中国债务拐点研究》（作者：朱小黄、林嵩、王林、武文琦、秦权利，经济管理出版社 2017年出版）表明，中国虚拟经济与实体经济黄金比例为16.7：1，其经济意义表明，当前的历史形势和数据条件下，当虚拟经济发展规模是实体经济工业增加值规模的16.7倍时，虚拟经济的发展将对实体经济和一国经济起到有力的促进作用。两者的经济总量在这个比例关系附近对经济发展是有利的，偏离这个比例太多，无论虚拟经济造成的偏离还是实体经济造成的偏离，整体上对经济发展都有负面影响。

研究发现，2009年以来，中国的虚拟经济和实体经济的比例不再是合理的范围。2010年达到31.3的峰值，这可能会导致更大程度的过度投机和金融泡沫，也会对经济增长产生负面影响，所以经济转型调整势在必行。数据还显示，目前股票市场、期货市场的短期波动，可能会影响实体经济的短期发展，而期货市场、房地产市场、债券市场的长期波动，则可能会对实体经济产生较明显的负面影响。

3. 对供给侧改革深化的启示

供给侧改革的深化需要促进实体经济的有效持续发展，适度抑制虚拟经济的快速增长。

第一，对实体经济企业实现税负减轻，降低经营成本，提升工业企业资本收益率水平，引导市场资源向实体经济倾斜流动。实体经济企业总体税负率过高是目前不容忽视的。此外，由贷款利息过高引起的企业财务成本偏高，一方面是因为企业负债率偏高，财务费用较大，另一方面利率缺乏结构性安排，虚拟企业与实体企业没有差异，这本身就使实体企业缺乏成本上的竞争力。

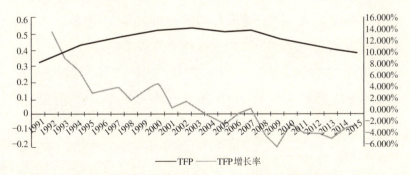

图 1.2.3　我国全要素生产率（TFP）及其增长率指标状况
资料来源：朱小黄：虚拟经济与实体之间的黄金比例
http://finance.ifeng.com/a/20170810/15576161_0.shtml

第二，从全要素生产率分析结果看，资本投入的报酬率高于劳动投入的报酬率，说明劳动力在中国经济增长中不能发挥足够的作用。数据表明，2004年以来，TFP有所下降，且从正转为负，表明中国经济增长主要依赖资本和劳动力投资，而不是依靠技术进步提高效率。

因此，我国产业发展结构调整还需加大力度。在生产要素投入方面尤其要重视实业科技投资和人力资本投入，这是目前促进实体企业发展的根本之策，若仅靠资金的投入犹如隔靴搔痒，并无实效。当前促进实体经济与虚拟经济的协调发展，关键在于促进实体企业的强健性上，不能一味管束虚拟经济企业并视为异端施以道德压力。

第三，加强对虚拟经济的监督和约束。目前，虚拟经济的发展并不是以实体经济为基础，而是由投机心理及虚拟资本独立运动规律造成的，出现金融资产价格、不动产价格脱离生产力发展水平的虚假上涨，使经济呈现出虚假繁荣景象，有必要通过市场和行政手段限制投机活动。需要注意的是，限制的前提是全面开放、交易充分的市场。没有完善的市场，行政约束往往适得其反。

第四，避免流动性过多地滞留在虚拟领域。需要提高金融机构和资本市场主体的准入条件，防范金融市场低素质行为的泛滥。同时，还要警惕各种所谓金融创新中隐藏的风险和不确定性。在减少金融机构杠杆率的基础上，抑制社会总杠杆率高企。《中国债务拐点研究》显示，2014年社会债务总额已经超过拐点，债务经营和规模扩张模式对国民经济的增长不再拥有积极促进作用，金融部门债务水平也对国家经济发展产生负面影响。因此，整体经济的"去杠杆"仍然是下一轮经济增长的关键。

第五，深化市场经济建设，建立实体经济和虚拟经济双向推进机制。虚拟经济长期健康稳定发展有利于实体经济的发展。简单地挤压虚拟经济，并不能促进实体经济的繁荣。应坚持资源市场配置的原则，坚持以行政资源为导向，调节资源枯竭、环境污染、贸易摩擦等矛盾冲突，为虚拟经济发展提供资本与财富基础。

第三节
供给侧改革是中国制造业企业转型之路

> 我们的观点无论产业转型还是企业创新的关键是要在新经济下做文章,发展新经济的关键是发展第六产业,人们可能对这个理论不是很熟悉。最早经济学家说双螺旋理论,我们认为科学和技术可以作为两螺旋,科学通过技术直接进入生产,通过第五产业直接推动一二三产融合创造第六产业。

> ——张来武《新经济的关键是发展第六产业》

如何改革制造企业,关键在于四个方面。产品观改革,采取新的产品功能、质量、设计来创造新的产品需求。技术观改革,关注消费者偏好,提供更好的用户体验。成本观改革,通过管理创新降低成本,增加利润。市场观改革,通过开发新产品来刺激消费者的潜在需求。人才观改革,尊重人才,使人才创造市场需求。

供给侧结构改革的主体是企业。特别是制造企业，要在"供给侧改革"中发挥主导作用，积极顺势有所为，在这一重要的转型战略期间，蓄积新能力、谋求新发展。为主动应对这一重大转型变革，企业家应该培育以下战略新思维[①]。

1. 从不愁卖到创造新需求

经过近四十年的改革开放，随着产品供应的增加，产品过剩越来越多。据调查，从传统钢铁、水泥等基础设施产业，到光伏产业等代表高新技术产业发展方向的新兴行业，目前国内的产能过剩是普遍的、全方位的。产品过剩不仅是将资源错配了地方，而且对需要这些资源进行创新的企业来说，是致命的打击。

因此，企业要先做好产品定位，确定自己为市场提供什么样的产品，是继续提供目前市场上普遍的大路货，还是具有差异化或者个性化的新产品，这需要企业家在产品的指导下，思考突破经济环境的短缺下形成的"只要生产就可以卖完"的固有

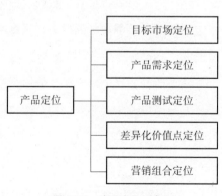

图 1.3.1　产品定位五步法
资料来源：百度百科

---

① 黄华.驱动企业家转变思维"供给侧改革".中外管理，2016(4).

思维方式，形成按市场需求来提供产品的新思维，以及用新产品创造新市场的新理念，才能迎接市场需求，促进产品供需结构的匹配。

因此，企业家必须培养对产品的独特理解和发现能力。传统模式下，产品的生产通过市场调研，根据客户需求实现，其关注的是产品功能。然而，在供给侧背景下，产品经理要对产品形成独特的理解和全方位的市场化策略，不能仅仅是"有多少米就磨多少浆"，而是要突破企业自身资源限制、根据市场需求和外部市场资源来设计产品。

在产品设计中，以为客户创造使用价值和体验享受为原则代替利润最大化原则。在现代经济学中，公司的产品生产依据利润最大化的假设，但在供过于求的情况下，实现利润变得非常困难，利润导向型生产难以取得成功。根据之前分析，为了满足终端消费者的新需求，就需要创造新的供应，只有给不同客户提供具有很强体验价值的产品，才能为企业赢得利润。

在市场的发展中，有必要使用产品需求而不是用户需求。史蒂夫·乔布斯说，永远不要问用户想要什么！因为用户经常自己也不知道他们想要什么。特别是目前的市场充斥着按用户需求设计的产品，而很少有引导用户需求的产品。因此，用新的产品功能、质量、设计来创造新的产品需求尤为迫切。

2. 从重引进到重应用

为了尽快增加产量，扩充产能，大多数中国企业过往几十年几乎都是采取引进技术的方式来发展生产的。如果技术引进能够短时间化解供给数量不足，那么化解产品供给结构失衡的法宝就是技术的升级创新。

但现实却表明，我们的技术创新跟不上日益变化的市场需求的速度，我们提供的产品质量远远不能适应日益提升的消费者偏好。如此一来，形成产能的累积和销售的恶化，对单个企业而言就是库存的增加，如不能解决高库存的压力，企业就将面临亏损的境地。

这已经成为目前中国厂商必须认真考虑的问题。其实技术升级只有跟上消费者的喜好，提供更好的用户体验，他们才会消费。企业家应该意识到以技术为导向的错误观念。其实，无论技术创新是纯粹的技术行为，还是技术创新作为企业创造收入的商业行为，就目前而言，重视技术应用、面向价值转化与实现的应用创新，都存在片面性，不符合"供给侧改革"下技术导向的真正要求。产品过剩下的创新很多都是侧重技术行为，却缺乏技术应用。只有技术进步与应用创新共同作用，企业才能实现真正的创新。

技术创新对制造型企业来说如同"生命线"。已有条件和能够创造条件的企业应大力建立技术开发中心，提高技术开发的能力和层次，建立承接技术开发成果并有效利用的机制。虽然，不是每个企业都有实力去实现，比如大量的中间制造商，单靠一己之力难以完成。但实际上，技术创新常常无法由企业单独完成，而是要由高校、科研院所和企业协同完成。因而构建技术导向协同发展机制，对企业的创新推动来说十分必要。

3. 从非常规到管理创新

企业存在的目的就是追求利润。为获取高利润，中国企业的惯常做法是在一定收入的情况下，试图降低成本，因此"低质低价"成为中国企业的生存战略。

为降低成本而采取的各种非常规手段，将受到国外贸易壁垒轻而易举的打击。国内许多产品为了走出国门，只能负担高额关税，这必然会使劳动力优势带来的低成本竞争力受到削弱，甚至牺牲。

在任何时候，降低成本是正确的，但不是通过非常规做法降低产品成本，而是要通过创新来提高企业的经营效率，通过管理创新来削减生产成本和运营成本，从而增加利润。事实上，管理创新可以为企业带来重大利益。如果不能真正将成本管理作为管理创新的目标，仅作为提高效益的工具，这种管理意识的结果，将导致任何降低成本方法的失败。

除了应加强内部成本管理外，还要重点关注与产品相关的外部供应商之间的协调，推动企业相关利益方在降低成本上共同改善，而不是一味"压低"供应商的采购价格，这对维护外部利益相关者的合作非常重要。

4. 从找机会到找需求

短缺经济时代，企业很容易就能占领市场。中国企业一直以来热衷于近乎白热化的价格战，围绕市场占有率来展开明争暗斗。实际上，由于"低质低价"盛行，多数产品占领的市场均为中低端市场，对高端市场则望尘莫及，只能被外资企业把控。

在供给侧结构性改革的同时，市场升级的影响必须受到国内企业的重视，努力生产与更高层次市场需求匹配的产品来供给市场，不能仅着眼于原来的低端市场，不顾市场反应持续增加低端市场的产品供给。因此，对于企业更为重要的是市场的选择和定位，不仅要牢牢占据既有市场，而且要通过开发新产品，诱发消费者的潜在需求，以此来创造新的市场，如此才能在供给侧改革中抢得先机。

这可以从三个方面来着手实现：

一是寻找需求。一方面通过开发新产品和新业务，寻求市场机遇，扩大生存空间，另一方面通过调整产品市场结构，找到新的市场需求，找到转型的重点。

二是开辟新渠道。许多企业在资金实力有限的情况下，仍依靠中间商订单的传统营销渠道，但传统营销渠道存在诸多缺点，如通路长，中小企业难以有效控制销售渠道；多层次，产品价格竞争优势无法形成；单向流通，使信息不准确，反馈不及时。如果企业拥有实力，可以利用现代信息技术手段，建立独立的营销渠道，通过独立建设、合作、并购、租赁等方式建立起独立的营销网络，完善企业市场化能力。

三是创新的商业模式。通过商业模式创新，创造新的市场需求，寻找新的消费者，并获得可持续的竞争优势。目前，消费者往往追求个性、差异化和实时性，企业应以消费者行为和心态为导向，大胆创新商业模式，实现"创造新供应"。

对于以中间配套服务为主的制造企业，可以专注于终端消费者的需求，在供给侧改革中也有新的出路。因为创新来自于C端用户的需求。

5. 结论：中国制造业要破解"成长的烦恼"

中国制造业运营商从上层建筑出发，设计、规划未来业务视野。要跟紧国家提出的"中国制造2025"、"数字化"、"智能化"、"创新驱动"等理念，打造出具有自身特色的产品，描绘企业发展路线。这是企业进行"供给侧改革"的战略目标，也是自上而下推行的关键所在，即"战略供给"。

要响应国家"一带一路发展战略"，扩大产品现有优势，出口到国外，过剩产能转移到国外，为转型升级"赚取"足够的资本。企业发展目标以"中国制造2025"为关键，重点关注技术研发、人才投入、技术创新、工艺创新，推动企业转型升级，大力提升产品技术含量、增值、产品创新，为"一带一路"打下坚实的基础，即"创新供应"。

实施战略的关键在于人力，企业的改革不能脱离人才，21世纪的竞争究其根本是人才竞争。企业要重视培养和引进人才，加强管理创新，技术创新，产品创新，建立学习型组织，促进企业发展不偏离方向，即"人才供给"。

在企业核心部门，财务，技术，产品，营销部门，要借助信息技术、CRM、ERP，打破部门之间的传统边界障碍，及时响应客户需求，完善内部流程，实现精细化管理，塑造企业年轻灵敏的"躯体"，即"组织供应"。

第二章
中小企业创新发展出路

第一节

全球中小企业创新之策

> 注重创新的中小企业更有希望参与全球或区域生产网
> 络并在其中取得较好的效益。为鼓励中小企业创新,传统
> 的融资途径必须进一步拓宽[①]。
>
> ——《首席财务官》杂志社郑伟

根据全球经济发展态势和东亚快速发展态势,亚洲地区未来
经济增长中科技、创新发挥着日益重要的作用。亚洲生产力组织
(APO)研究发现,亚洲地区在全球经济中的重要性都有所增长,包
括产出增长、人均国内生产总值、全要素生产率和劳动生产率等方
面,亚洲人均GDP的增长甚至超过了美国。

在亚洲,中小企业对社会经济发展的重要性得到普遍认可。亚
洲生产力组织对亚洲主要经济体(中国、印度、印度尼西亚、韩国、

---

① 郑伟.中小企业创新发展出路.首席财务官,2016(20).

马来西亚、菲律宾和泰国）的中小企业创新、融资以及各国为鼓励中小企业创新而采取的不同政策措施进行了调查。

APO调查显示，中小企业成为亚洲发展中国家经济增长的强大动力，但中小企业的现代化和创新刻不容缓。即中小企业需要更多的开发、部署和使用，尤其在于产品、流程和服务等方面。但中小企业在创新融资过程中遇到了许多障碍。在企业层面，中小企业面临的主要问题在于资本和资源有限，管理技能不足，导致企业发展有限且管理不完善。另外，外部环境的负面影响也加剧了这些问题的严重性，例如，金融市场发展水平相对较低，融资资源有限，中小金融机构过少等。因此，为了促进中小企业的创新，传统的融资渠道必须进一步扩大。

1. 沿价值链上行

中小企业与大型企业和微型企业的区别，通常包括以下任意一项或多项：自有资产、厂房和机械设备投资，实收资本、年销售额和全职员工数目。在印度，中小型企业是指在厂房和机械设备上投资不超过200万美元的公司，包括通过融资租赁或分期付款持有的机器的投资。韩国以中小企业员工人数为主要标准，不同行业有不同的标准：制造业、矿业、建筑、交通运输、大型零售商店员工人数少于300人；商业支持服务行业员工人数少于200人；批发及产品中介行业员工人数少于100人；其他行业员工人数少于50人。在菲律宾，小企业是指资产总额在71 909美元到347 947美元内、员工数目在10～99之间的企业；中型企业的总资产为350 267美元到230万美元之间、员工人数在100～199之间的企业。泰国中小企业的员工人数不到200人，固定资产少于670万美元，不包括土地资产和个人财产。

中小企业在价值提升和促进就业中的潜力已经得到了展现。APO研究发现，中小企业还是促进亚洲发展中国家制造业出口增长和升级的强大的动力。亚太地区各经济体之间，小企业在出口总量中所占份额存在很大的差别，数据显示，马来西亚中小企业在出口总量中所占份额最低，为17.8%；中国最高，约为60%。中小企业对于出口的贡献，主要体现在出口总量以及技术、技能多样化等方面均有所增长。对于内需不旺的经济体而言，在有竞争的产品和潜力巨大的服务出口中，中小企业出口发挥着至关重要的作用，为经济和就业的持续增长提供了保障。

为了更好地发挥这一作用，中小企业需要向价值链上游发展，特别是在东亚地区，以生产局域性为特点。目前，东盟四大经济体（马来西亚、菲律宾、泰国和越南）中，仅有22%的中小企业涉及全球生产链，且仅处于生产链中的二或三级供应商的位置。

根据世界银行对东盟经济体制造型企业的研究显示，20世纪90年代后期，大企业在经济发展中占主导地位，中小企业仅处于直接出口商或跨国公司供应商的位置。

这些结果表明，创新型中小企业积极参与全球和区域价值链拥有巨大潜力。此外，关于东亚地区贸易格局与国际生产/分销网络的研究指出，在东亚地区，多种形式的业务外包得到迅猛发展，包括定牌加工、原厂委托设计、电子产品制造系统公司，以及使当地企业积极参与生产网络，特别是在中国、马来西亚和泰国，从而加速了该地区的企业活动远远超出企业原有经营范围。这种现象为那些创新性强、技术装备先进的中小企业创造了巨大机会，使他们能够参与到这些国际生产/分销网络之中，从而创造更大的价值、提供更高质量的就业机会。

在挖掘中小企业价值潜力，以及促进中小企业参与全球和区域生产网络和供应链中，我国的实践已经成为中小企业发展的一个样板。实践证明，为了成功连接到全球和区域性生产、分销网络，中小企业需要不断开发最终和中间产品及服务，以此来满足全球市场的需求，同时，还要不断追求产品和工艺方面的创新，增加对技术的利用率。

但中小企业在参与全球和区域价值链或网络过程中，同时也受到强大的壁垒限制。主要体现在以下几个方面：缺乏融资渠道、商业环境不稳定、基础设施不足、人力资源限制、无法满足国际标准，以及其他与企业规模相关的限制，如无法捕捉市场机会等。其中的任意一个障碍都能够对中小企业参与全球和区域生产网络造成影响，同时，障碍之间存在的连锁反应，又会进一步加剧单一障碍造成的负面影响。

2. 创新战略增长

在竞争激烈的全球和区域环境中，创新战略是企业生存发展及扩大的关键。中小企业可以通过创新参与全球和区域价值链，能够利用现代技术生产更高价值的最终产品或中间产品和服务。研究发现，创新型中小企业更有可能参与和受益于全球或区域生产网络。创新成果、管理和创业态度是确定中小企业是否可以参与生产网络的最终企业素质。

要实现中小企业在经济增长和发展中的重要作用，必须积极接受技术创新。对于多数中小企业，勇于创新是关键。创新可以刺激中小企业的生产力，改变供给曲线，促进产出和就业的快速增长。在发展中国家，中小企业创新将使经济增长更具包容性，具有更多的优势。中小企业将受益于创新，因为创新能使其持续发展，在竞

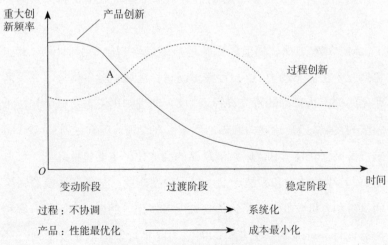

图 2.1.1 技术创新动态模型（A-U模型）

资料来源：MBA智库百科

http://wiki.mbalib.com/wiki/%E6%8A%80%E6%9C%AF%E5%88%9B%E6%96%B0%E8%BF%87%E7%A8%8B

争激烈的全球竞争中生存下去。离开创新，中小企业将面临陷于低生产率陷阱的风险，妨碍增长潜力的利用。在创造高质量的就业岗位和产生更高的附加价值总值中，创新型中小企业能保持较高的灵活性和敏捷性。

创新意味着开发、部署新的产品、流程和服务，并使之产生经济效益。通过新产品、过程和服务的开发与商业化，在全球和区域生产、分销网络或价值链中，中小企业能够参与其不同环节。就这一层而言，创新是中小企业生存与长期增长、保持竞争力的核心。创新经济要求中小企业能够在所有经济领域培育新市场、促进技术创新，同时提供高技能的工作岗位。各国都已拥有一个统一的认识：运用适当的技术及资金不断创新是未来中小企业增长和扩张的驱动力。

对于这一方面，马来西亚于2007年启动了国家创新计划，其中包括三个主要驱动力：（1）旨在提高目标区域的竞争优势，强调商业化的输出为目标的研究议程表；（2）促进知识资本在科学和技术领域的发展；（3）建立国家创新体系。在泰国，国家创新局（NIA）重点发展创新技术和高附加值产品的商业化，主要包括以下三个方面：（1）生物技术和天然产品；（2）生态产业，包括清洁能源、生物材料和有机农业；（3）软件与机电一体化，纳米技术解决方案和产品设计。韩国实施五年（2009—2013年）中小企业技术创新计划旨在提升科技竞争力，促进全球中小企业发展，采取"选择与集中"战略，使研发投入能最大限度地发挥效益。菲律宾国家创新战略则鼓励技术企业孵化，推动学术发展项目。国家创新战略旨在增强人力资本，支持企业孵化，优化创新环境，鼓励企业家精神。中国采取各种措施鼓励中小企业的创新。在地方创新体系下，地方政府与行业合作，学术界和研究机构紧密合作，支持当地企业和高校建立合资企业，通过信息和通信技术推动地方创新部门之间的交流，培育地方产业集群。中小企业发展道路包括创新、升级、转型、品牌发展，与大型企业密切合作、制造业与服务业的一体化，以及改进产品和生产设备的节能性能。印度尼西亚成立了中小企业创新中心，以此提高中小企业生产力、产品多元化及附加值，提升企业竞争力。同时，国家创新委员会加强国家创新体系、建设国家创新文化，并为优先发展规划和行动计划等方面进行协助。印度为创新企业家提供财政援助，包括技术教育和培训、研究、咨询，并为鼓励创新提供实验室服务、孵化基地和风险投资基金等财政援助。

此外，一些国家为中小企业创新的其他重大障碍制定了补充战略或干预措施。这些也是极为关键的。政府不但对提供全面的财政援助保持积极的态度，而且在确保政策和监管环境友好下，向中小企业提供广泛的技术援助。

3. 政策支持创新

缺乏足够的融资对中小企业的创新和发展构成了严重的障碍。菲律宾发展研究所针对来自电子、服装、汽车和食品行业的101家

图片来源：旗讯网

中小企业进行的调查发现，影响企业发展的最重要的障碍之一仍然是融资限制。一项关于融资渠道的重要性实证研究发现，拥有更多信贷的中小企业更容易参与生产网络。中小企业的竞争力强弱，以及能否充分利用它们的能力，融资仍然是最重要的制约因素。同时，融资还关系到中小企业能否抓住全球经济和区域经济一体化的商业机遇，特别是在区域生产网络中的参与权。

中小企业融资受到诸多因素的影响，其中包括：(1) 企业自身特征，例如缺乏抵押品、缺乏管理技能和治理不善、资产有限、信用低、注册资本少、运营规模小、收益低，以及现金流量少的问题。(2) 国家金融市场发展水平所限，融资成本高、资金来源有限，支持中小企业融资的金融机构数目有限。

资金的可用性不仅影响中小企业的生产力和竞争力，还影响企业是否能够继续创新、创造就业机会，在促进经济增长和发展方面发挥作用。因此，各国制定了解决中小企业融资的政策和方案，鼓励和支持中小企业创新。总体而言，国家使用传统银行贷款、政府机构或机构提供专项资金支持（贷款）和其他类型的金融工具，如贷款担保、供应链贷款担保、风险投资基金和项目融资。其基本理念就是在获得金融服务过程中，创新型中小企业受到高度限制，政府则将为这些中小企业降低融资成本承担起责任。例如，在韩国，自1997年金融危机以来，对中小企业政策侧重于创新型的中小企业融资，建立了针对中小企业的政策性资金和信用担保制度。菲律宾政府银行向菲律宾外国买家协会（FOBAP）认可的中小型企业提供扶持，并提供特殊经济援助。在泰国，国家创新署对中小企业进行财政支持，重点是创新技术和高附加值产品的商业化；此外还有泰国的中小企业发展银行，支持小型创新企业发展。

亚洲地区的未来发展必须得到区域经济发展的支持。区域经济发展取决于创新型中小企业的发展。通过连接全球和区域性企业价值链，可以创造高度创新和精通的工作，实现更高的附加值。要实现这一愿景，各国政府应鼓励发展创新型中小企业。决策者面临的主要挑战，关键是如何制定政策和干预措施，以解决中小企业的长期经济增长和生产力制约问题。中小企业所需的最重要的政策措施之一是确保畅通的融资渠道，以及促进创新的免费支持。

基于上述分析，未来中小企业创新政策干预要注意以下几个重要内容：（1）友好的政策支持和监管环境，如关注中小企业创新和国内中小企业融入全球和区域价值链；（2）制定框架，如制定国家创新议程，可为创新型中小企业提供有效的服务，建立支持机制，确保执行议程；（3）建立支持性基础设施，如专注于高科技创业公司的孵化器政策；（4）提供业务发展服务；（5）拓宽融资渠道，主要政策推动力涵盖了从传统的银行贷款、由政府提供直接融资支持，到更为复杂的融资工具，如贷款和担保基金、风险投资基金等。

毫无疑问，政府和私营部门的协调是实现创新型中小企业目标最重要的保证。协调平台可以是连接公共和私营部门、学术界和商业界的知识基础设施，为更多的战略合作提供一个平台，促进实现中小企业创新目标。

第二节

互联网+时代下中小企业产业转型与创新发展

2020年左右将是电子商务产业与传统产业交替发展的转折点，基于网络的无形市场规模将接近传统的有形市场规模。未来，电子商务的发展有可能将我们的社会拉回到信息高速公路环境下的原始社会形态，也即产品与服务高度个人化；生产生活高度分散化；企业政府高度小型化；生产工具高度公共化。

——中央财经大学互联网金融研究院院长孙宝文博士

现今，中国的低端产品过剩，高端产品严重缺乏。消费者的需求升级，但是很多产品还是处于原来的低端水平，不能满足需求，难以销售。 与此相反，一些高端产品，饱受追捧，如去日本购买马桶盖。因此，要对供给侧进行改革，以提供更高端的产品和服务，是经济增长的实现方式[①]。

---

① 李本松.论供给侧结构性改革的内涵和实践要求.理论月刊，2016(11).

1. 中小企业增长之路的作为

一是提高创新能力。在中国，"山寨"似乎很普遍，这只会导致严重的同质化，低端产品的剩余。所以公司不能总是模仿别人，而是应该继续加强创新，增加研发投入，形成自己的优势。

二是加强产品附加值。无疑，产品的附加值越高，消费者的购买意愿更高。增加产品附加值，可以利用新技术，提升产品品质、优化产品包装、塑造品牌形象等方法实现。

三是服务转型。中国的服务业空间还很大，服务业转型是企业发展的一个方向。也许你疑惑生产制造业如何转变成服务业。但实际上是可实现的，如华为似乎是制造企业，但它也是全球领先的信息、通信解决方案提供商。

四要注意产品质量。过去，许多公司一味追求产品数量来获得更多的利润，忽视其产品的质量，现在问题爆发，产能过剩。其实，过剩的是低端产品，而高端产品却处于缺乏状态。那么，如何提高产品质量就是企业必须考虑的问题。

图片来源：中宏网

在供应方面的改革，低端产品必然会淘汰，最终留下高端产品。企业要持续发展，必须要进行高端转型。当然，转型之路充满了困难和障碍，单靠中小企业本身难以成功。

2. 互联网经济长尾市场蕴藏巨大潜力

互联网经济爆发出惊人的能量。即客户体验是核心，财务和消费与生活更加紧密地融合在一起；财务管理和融资可能是孕育创业机会的沃土，监管逐渐加码，良币取代劣币，行业洗牌不可避免；互联网加速向金融业渗透发展，新的商业模式正在兴起，"互联网金融"和"金融互联网"趋同，开放共享的互联网金融生态系统正在形成。

电子商务正在推进农业、产业工业、创新服务，将成为现代产业体系中的枢纽型龙头企业。包括重组全球经济劳动分工和竞争格局；掌握网络环境中的主要物品的定价权；主导经济分工协作主动权。

3. 互联网经济的属性和经历的发展阶段

互联网经济有三大属性：(1) 经济属性：经济增长、转型发展、打破垄断、促进微型企业发展、促进创新；(2) 社会属性：解决就业、缓解社会矛盾、提供增长空间；(3) 公共服务属性：互联网教育、互联网医疗服务、扩大外交渠道。企业可利用互联网的三大属性，促进企业发展。

目前为止，互联网经济已经经历了三个发展阶段：第一阶段是网络经济阶段。电子商务从商贸流通领域快速崛起，网购是这一经济活动的主要特征。第二阶段是信息经济阶段。电子商务、搜索引擎、即时通讯、互联网娱乐、互联网金融等经济活动进一步扩大，信息资源的价值得到有效释放，商品交易大范围延伸到服务交易，服务业形态转变，信息服务业比重大幅提升，这一层面经济活动的主要特征是云计算、大数据深化应用。第三阶段是赛博(Cyber)经济阶段。信息网络和设备连接设计、制造、流通、消费和应用等经济活动的所有环节，构成全球网络空间，服务的使用权与所有权分离，这将大大改变现有生产模式和产业组织形式，物联网的广泛应用是这一层面经济活动的主要特征。

第三节

三创互为转型基础

社会发展的潮流趋向是多元、多样的，因此，创业也应该是多样、多维的。只有这样才能激活人力资源，社会才有活力，才有创造力①。

——李天华《创业创新创优的内涵及其相互联系》

1. 为实现中华民族伟大复兴的中国梦创业创新创优

党中央高度重视青年创业创新。习近平总书记2013年年底在给全球创业周活动的贺信中，殷切希望广大青年把人生追求同国家发展进步、人民伟大实践紧密结合起来，在创新创业中展示才华、服务社会。希望青年企业家要带头响应习近平总书记的号召，为实现中华民族伟大复兴的中国梦而创业创新创优。

中国梦是中国企业家最大的发展空间，一个国家的理想有多大，

---

① 李天华.创业创新创优的内涵及其相互联系.江南论坛，2005(4).

企业家发展的空间就有多大。改革开放促使中国企业家的井喷式成长。中国梦昭示着中华民族伟大复兴的光辉前景，也展现了中国企业发展的光辉前景。一是将为中国的发展持续不断地提供商机。中国现在是世界上最具活力的国家，目前的经济正处于创新驱动、转型升级阶段，新技术、新产业、新市场、新需求将不断开拓创业的新天地。二是全面深化改革，将大力释放创业空间、营造更好的创业环境。取消和下放行政审批事项，下降市场准入，改革价格形成机制，定向减税、普遍降费等举措不断出台，大众创新、草根创业不断涌现。其三，新一轮对外开放推动中国企业更多地走向世界。中国是世界120多个国家和地区的最大贸易伙伴，对外直接投资居世界第三。国家大力实施"走出去"战略、倡导"一带一路"、推动建立自由贸易区，对外开放使中国企业国际化发展舞台更加宽广。中国梦是中国企业家的机遇，也需要中国企业家的奋斗。当代中国青年企业家应抓住机遇，在实现中华民族伟大复兴的历史进程中实现自己的人生价值。

创业创新创优是企业家一生的追求目标，企业家的成长、发展，每一步都离不开创业创新创优，不懈追求创业创新创优是企业家努力前进的动力。首先，市场瞬息万变，创新与淘汰的竞争是基本法则，缺乏创新，再好的企业也会被淘汰。当年世界的胶片大王柯达没能迈过数码影像这个坎，全球数一数二的电信企业诺基亚在智能手机时代成为落伍者。诸如此类，比比皆是。阿里巴巴能成就全球历史上最大的IPO，小米手机能在竞争激烈的竞争中占据一席之地，依托的是抢先创新、持续创新、全面创新。其次，这种追求是不断战胜艰难曲折的强大动力。创业之路不会一帆风顺，企业家不怕失败、敢于失败、战胜失败的精神支柱在于对事业成功的执着追求。乔布斯在丽莎数据库失败后又研发出新一代苹果产品，史玉柱创业几落几起，支撑他们不畏失败、攀登高峰的正是艰苦创业的精神。再次，这种追求是不断抵御投机诱惑的强大动力。面对竞争压力，一些企业从事偷工减料、假冒伪劣、违规违法、投机取巧、超标排放，造成企业走向衰败。发展企业要有咬定青山不放松的定力，要有遵法守德的底线。最后，这种追求是冲破小富即安束缚的强大动力。小富即安、不思进取容易侵蚀企业家的事业。青年企业家应把创业创新创优作为一辈子的追求，努力达到"会当凌绝顶，一览众山小"的人生境界。

古代有牛商弦高犒师，现代有张謇、荣氏兄弟等民族企业家实业报国，抗战时期有民生公司承运宜昌大撤退，担承国家运输的大任。当代中国企业家在汶川地震等国家有忧、人民有难的关键时刻，更是勇挑重担、慷慨解囊。年轻企业家要弘扬爱国报国的优良传统，一是要把报效国家、造福人民作为人生最大的追求。二是坚守职业道德，诚信守法。古人言，君子求财，取之有道，即守法之道、诚信之道。假冒伪劣是最令消费者痛恨的事情，也是对企业家最大的伤害。湖南临湘市的李国武不仅自己生产和营销的酱菜质量过硬，还自费回收销毁"三无食品"，被评为全国道德模范，青年企业家要以他为榜样。三是追求高尚情趣，做勤劳有德的企业家。有的企业家认为"白天做老板、晚上睡地板"的时代过去了。有少数人炫富、奢靡，甚至是"黄赌毒"。企业家有钱怎么花，不全是个人私德，也影响社会风尚。青年企业家要自觉遵守社会公德、家庭美德，以良好操守赢得社会尊重。

做对社会负责任的企业家。从责任层面，至少包括三重。作为产品和服务的提供商，要对消费者负责，让他们买得放心、吃得放心、用得放心；作为劳动和创造的组织者，要对员工负责，尊重人才、尊重劳动，保证劳动者权益，促进劳动者发展；作为资源和要素的使用者，要对生态环境负责、对经济秩序负责，遵纪守法、照章纳税，节能减排、绿色发展。当然，国有企业领导人对国家和人民负有资产保值增值责任，上市公司老总对股东、股民负有资信公开、真实无欺的责任。社会对企业家的认可度，不仅在于创造的财富，更在于责任的履行程度、对社会的贡献程度。青年企业家要自觉走在时代前列，做负责任有贡献的财富创造者。一是为国家和人民服务，紧紧围绕国家发展和人民需要投资兴业，参与进行改革。二是主动帮助青年，引导和支持青年就业创业。三是努力造福社会。青年企业家要热情回馈社会，帮助更多有需要的人。

2. 践行创业创新创优、聚力突破升级

"创业、创新、创优"是互补辩证统一的关系，创业是基础，创新是动力，创优是保证。只有坚持创业，面貌才能改变，经济才能发展壮大；只有坚持创新，才能与时俱进，始终保持活力；只有坚

持创优，精益求精，才能保持一流，不被淘汰。

创业创新创优是经济社会发展的主要动力，是提高综合国力和国家竞争力的重要资源，这就使得我们在倾注创业创新创优精神的同时，更多地把目光投向它所释放出来的巨大能量，走好创新驱动、内生增长的发展道路。

在我国，大学生的就业压力日益严重。随着政府政策指导和社会理念的转变，大学生的创业意识和就业方向不断变化。培养大学生创新进取能力是适应社会主义市场经济发展的需要。随着市场经济的发展，城乡产业结构将以市场规律的变化为基础，并不断调整，促使劳动力转移和职业岗位的转换。因此，要培育创新创业能力，适应社会主义市场经济发展所需的人才，促进高等教育自身的改革发展。如今高校在大学生自我创业中发挥更多的作用和提供多方面的服务，包括创业指导、资金落实、客户联络、社会沟通等，尤其是提供比较规范、适用、系统的创业教育。

3. 创业者素质培养的规律

企业家的成功需要具有一些核心的主要特征和次要特征，要有创业观念、有胆识、有才华，同时还需持之以恒的意志，克服创业过程中的困难，这些要求决定了当代大学生创业必须按照创业者素质的培养规律，注重培养自己的能力，锤炼自己的勇气，同时培养自己的创业人格、创业者思维和创业意识与技能，改变中国传统教育模式下掌握死知识多，灵活运用技能差的人才培养。

实践证明，创业者素质的培养是有规律可循的，其成长也是有一个过程的。而从实践中汲取经验和教训都是创业者成长的捷径，中国有句俗语："一年学成个庄稼汉，三年学成个生意人"就是这个道理。

树立自信、自强、自主、自立意识。对自己有信心，相信自己有能力创造自己的未来。自信使生活更主动和创业精神更积极，相信自己能够在创业中取得成功，特别是面对失败和沮丧时，需要更多的信心。

自强在自信的基础上建立，通过企业的实践，不断发展自己各方面的能力，进一步锻炼自己的意志，树立自己的形象，敢于表达敢于担当，着眼于长远利益，永远进取，使自己成为强者。自主即具有独立的人格，能够独立自主地思考，不受传统和世俗偏见、舆论和环境的约束与影响，善于设计和规划自己的未来，选择自己的道路，并采取相应的行动。自主还要有远见、有敢为人先的胆略，能把握住自己的航向。自立就是凭自己的头脑和双手，依靠智慧和才能，不断努力和奋斗，建立起自己生活和事业的基础。

如今，不少大学都提供创业指导课，包括创业心理、教授创业管理等内容，为大学生创业打下创业知识基础。大学图书馆也提供相关书籍，大学生可通过阅读增加对创业市场的认识。各地创业中心、大学生科技园、留学生创业园等机构的网站，也蕴藏着丰富的创业知识。通过这种渠道获得创业知识，往往具有高度针对性。

首先，实践环节可以使大学生在学校积累创业经验，培养创业能力。大学生在学校应积极参与创业实践，如大学生创业大赛、创业计划书大赛等。其次，大学生还可在参与社团组织活动、兼职打工、职业见习、创业见习、求职体验、市场和社会调查等活动中接触社会，了解市场，磨炼自己的能力与意志，提升自己的综合素质。再次，商业活动无处不在，大学生可多与有创业经验的亲朋好友交流，甚至还可通过电子邮件等向一些商界人士或专业机构咨询，这些经验之谈往往会使你收获更多。人际交往途径获得的最直接的创业技巧与经验，将会使大学生在创业过程中受益无穷。最后，投身于真正的创业实践。在毕业前后进入创业启动阶段，可以单独或与同学合作，租赁或承包一个小店铺，在创业实践中提高自己的创业能力。这些活动将成为大学生步入社会大课堂的第一步，同时大学生也在参与实践的过程中积累经验，培养了其分析问题和解决问题的能力、组织协调能力、管理能力、应变能力、语言表达能力等，有利于增强大学生的创业意识和创业热情，为大学生提供应对挫折、面对各种困难的心理准备，促进大学生创业成功。

创新是动力。马克思说："社会劳动生产力，首先是科学的力量。"邓小平同志进一步提出，科技是第一生产力。攻克技术难关，提高办事效率，政府与市场关系的应对，市场配置资源决定性作用的发挥，这些都离不开创新。创新要靠务实的举措作支撑，创新本身就是高度的"实用主义"。创新是一个民族进步的灵魂，是一个国家兴旺发达的不竭动力。一个拥有创新能力和大量高素质人力资源的国家，将具备发展知识经济的巨大潜力；缺乏强大的科学储备和创新能力的国家将失去知识经济带来的机遇。21世纪的竞争是经济与综合国力、科技与教育的竞争，究其根本是竞争高素质人才。各类高等院校开展教育创新的首要任务是，培养基础夯实、富有创新精神、能够应付未来社会创业就业发展和挑战的人才[①]。大力培养大学生创业创新能力是建立高校创新体系的关键性环节和基础性内容，能有效地支持和推动国家创新体系的建立，对建设创新型国家也会起到积极的作用。

①　杨天梅.论我国高校创新教育环境建设 [D] . 上海交通大学，2005.

第三章
创新创优发展模式

第一节

组织结构的调节与商业平台的扩展

> 传统的商业企业，在进入到资本市场之后，企业一方
> 面通过股市为自己的发展筹集了更多的资金，另一方面也
> 将自己发展的触角扩展到了其他领域。
>
> ——白琳《长袖善舞资本市场上的商业神话》

知识经济时代，科技飞速发展，环境日益复杂，竞争日益激烈，市场环境也变化迅速，缩短的产品生命周期、企业优势模仿、多元化的市场需求等，这些都加大了创业的难度，使得在创新创优活动中，对所需资源的获取、整合及利用以及对配套性创业战略计划的制定与执行的复杂程度增加，要求标准提高，这对顺利开展并实现创新创优活动无疑是一个巨大的挑战[①]。

---

① 余绍忠.创业资源、创业战略与创业绩效关系研究 [D].浙江大学，2012.

1. 聚焦业务模式创新下的战略组织转型升级

目前全球市场经济整体环境严峻，劳动力成本上涨，企业利润变薄，传统制造业主导的产业正面临挑战，而此时，市场已经产生了一批新的业务模式，这些新模式刺激企业转型升级，但在新的业务模式下，如何调整组织结构来满足企业的发展需求已成为一个难题。

企业在转型升级过程中，要时刻对行情保持警惕。一家企业的业务模式甚至企业的兴衰都由战略决策决定，这要求企业领导者要有全局观念，明确行业趋势，探索目标受众群，同时在与对手的竞争较量中，克服短板，提高自己。

2. 组织结构重塑，产业资本创新

过去，中国的创新主要是为了复制外来经验，缺乏自主和独创性。随着中国经济的崛起和世界经济重点的转移，国内不断涌现出基于当地经济实情与符合发展内在要求的创新，这是经济社会发展的必然趋势。常态化的创新是经济发展的新动力。与过去不同，中国目前的经济和社会发展重点是资本主导，与行业紧密结合，催生出的新时代以产业资本为重点。

（1）国际国内经济形势严峻，企业危机无处不在，机遇也应运而生。全球经济进入严重的衰退期，工业生产停滞不前，国际贸易继续下滑，商品价格大幅下滑，金融市场动荡加剧，新兴经济体继续下滑。国内人口红利疲软，行业需求转型升级，"去产能、去库存、去杠杆、降成本、补短板"成为市场的选择。政府实行的国企混改、供给侧改革、大众创业、万众创新将是中国未来经济进一步发展的新常态。借鉴香港资本市场模式，尽管内地资本市场不景气，但新三板、战略新兴板、注册制度，这些热点仍然反映了资本市场和社会需求。"供给侧改革"使"投资、消费、出口"原粗放型经济增长模式转化为更加智能化，实现更细致、更高效的产业分工。作为主要生产国，"供给侧改革"政策反映了中央政府调整产业结构，实现经济结构调整的决心，也为中国经济复苏提供了支持。就笔者而言，面对当前形势，正是企业重新布局、抓住机遇的黄金时期，创新将使之成为现实的武器。

（2）实践"深淘滩，低作堰"，顺势而为，积蓄企业强劲发展动力。"深淘滩，低作堰"是两千年前的李冰父子的管理理念，商业逻辑和社会哲学蕴含其中，对企业转型创新

有着极强的启发。"深淘滩，低作堰"，企业应顺应时代，加强内部管理，不断完善和优化内部机制，不断优化改善外部产业环境，加强产业链优势，实现内部与外部一体化，实现完美发展。

组织结构重塑，为改革创新奠定了内部基础，解决了路障，是战略前瞻性布局的开始。对传统企业集团滞胀进行分析发现，组织

建设拥有诸多不足之处，如机构冗余、管理层级过多、决策速度慢、管控机制缺失、业务流程不畅等，导致战略聚焦和突破难以持续进行，组织的结构性功能及其核心竞争力难以强化，内部分工和合作体系难以持续深化，整个企业呈现离散状态，即"集而不团"，难以以多元化或多角化经营的业绩导向运作。组织结构、岗位分布、分级授权、监控管理等，其目标实质是企业资源的最优配置。以上市公司海南椰岛为例，为转变经营管理现状，海南椰岛自2016年年初以来，根据战略目标与发展规划，重组组织架构，以新型的企业架构面对挑战。

要以精简为首义，围绕生产、供应、营销与管理控制四项职能，重组企业架构，实现工作效率的全面转变。精简重组职能部门，建立"人力、财力、资金、保险"四位一体的服务管理体系，对管理职能、人员构成重新定位。重塑组织结构、调整人员，充分发挥组织活力，同时逐步建立和完善组织管理制度与流程体系，做到标准化、简单化，使及时服务能力得以提高，降低期间成本和管理成本。以提升产能与销售业绩为变革目的，对难以直接或间接对此作出贡献的制度流程全面删除简化。

要向市场要业绩，以市场创业绩，重建全国区域营销网络，打造市场化的销售组织体系。市场营销中心负责销售区域的各项资源的建设和有效利用，各分、子公司的重点工作目标在销售，分为客户线（负责各经销商）和产品线（负责各产品），各线人员都是属地和派出机构的矩阵管理，减少管控流程，充分给予销售自主权，同时提升销售辅助部门的专业性。对渠道进行重新梳理，包括电商平台、经销商及直接面对消费者的终端等渠道，与客户建立更紧密的联系和伙伴关系。总体而言，在原有市场营销模式基础上，大胆创新，通过多种方式开拓新的市场空间。

扁平化管理，使工作对接更灵活快捷，缩短决策和管理时间，赢在起跑线。要实现扁平化管理，就是克服组织冗余、层级过多。海南椰岛公司目前在组织建设中强调扁平化管理，减少中间环节，实现一岗多职，使企业变得更开放、灵活，更接近市场和客户。扁平化减少了决策和管理的时间，提高了效率，使公司在竞争起点上领先。

充分放权，调动分、子公司积极性，实现各业务战略板块的自主发展。美国军队的作战单位从"师"变成"旅"，作战能力不降反升，体现出灵活性十分突出。作为老国企的通病，上级统管过多，脱离实情，严重阻碍了公司的发展。组织架构重塑中，集团给予各分、子公司充分的授权，以能迅速地应对变化的市场，快速地作出反应。在明确责、权、利的前提下，通过流程重新梳理，将人、财、物等审批权限全面下放，逐步从集权走向分权。未来，通过管理权力的逐步下沉，强化集团公司监管与服务职能，完善公司治理，统筹集团发展与防范经营风险。作为上市公司，在坚持依法治理的前提下，公司给各分、子公司充分的放权，发挥各业务板块的积极性与市场适应能力。集团层面定位为服务与监管职能，通过人事、行政、财务、风控等综合管理方面的服务与保障，各分、子公司轻装上阵，集中精力发展业务，快干直上拉升业绩。集团公司通过严格与有效的监管与考核，杜绝管理上的漏洞，推动各项经营目标的实现。

多种形式产业与资本的结合，通过资本带动产业，实现资本与产业的共同创新。从加工制造业时代到房地产业时代再到服务业时代，金融、资本始终伴随左右。随着产业转型、调整和升级逐渐向纵深层面发展，企业除了内部优化提升之外，也越来越多利用资本手段对外寻找新的业务突破口和增长点。在经济新常态下，企业借助资本力量实现纵向整合产业链、横向实现多元化发展，产业资本将推动企业构建更强大的未来产业发展平台。

为推进战略布局及经营目标的实现，海南椰岛正积极探索和尝试内生式发展与外延式扩展并重的产业资本发展模式，充分借力资本市场实现产业升级与业务创新。

并购基金推动企业战略落地，建立并购基金，意图通过推进并购重组，实现上市公司的外生增长力量，并购基金不仅能够解决企业项目融资缺口问题与提高资金利用率，还能通过专业管理人助推公司产业优化布局。

发展供应链金融，一体式、全方位扩充企业融资渠道，充分保障产业的纵深发展的需求。随着社会化生产方式的不断深入，市场竞争从单一客户间的竞争转向供应链之间的竞争，同一供应链内部各方相互依赖，"风险共担、兴荣与共"。供应链金融，是金融、类金融机构一种将核心企业和上下游企业相联系，提供金融产品和服务的融资模式，将产业链中的核心企业作为支撑点，为整条供应链提供金融支持，以增加产业链整体黏度和控制力，提高产业链整体效率及效益，形成集团金融生态圈，推动集团主业发展，增强服务实体能力。

在当下这个时代背景，企业面临诸多压力与挑战，但我们应意识到自身肩上的责任和义务，眼光、境界、魄力决定了事业的高度和广度。在创新驱动中把握潮流趋势，在资本引领中抓住主动权，我们相信行业的发展，更相信企业的前景。

3. 阿里最新组织结构曝光，未来瞄准"五新"战略

阿里战略进一步调整，多名高管将重新任命和轮换对调，意图通过不断升级的高效组织带来强大的执行力，服务于"五新"战略。作为生态圈的开放平台，阿里巴巴的组织升级不仅是公司内部事务，也影响着合作伙伴，包括品牌商和零售商之间的关系，品牌商和渠道商之间的关系，品牌商和物流商之间的关系，都在重构协作，从而完成商业进一步更新和演变发展。当这种推进和演变聚集到一个关键临界点时，商业的小宇宙能量将会迸发。

2017年新年伊始，阿里巴巴集团披露了2016年度纳税情况等七项数据。阿里巴巴集团以及蚂蚁金服集团2016年合计纳税238亿元，带动平台纳税至少

2 000亿元，创造了超过3 000万个就业机会。截至2016年12月31日，阿里巴巴反哺传统产业超过1 000亿元，普惠金融服务全球6亿消费者，为超过500万小微企业贷款8 000多亿元。在中国经济整体向数据时代转型的进程中，约一半的企业、机构和组织，使用的核心互联网基础设施均由阿里云构建。

阿里每一轮新的高速前进，始终以"折腾"自身为先导。2017年1月13日，阿里又开始了一次新的"折腾"——集团CEO张勇致信员工，宣布阿里组织结构开展新一轮的升级：多名高管的重新任命和轮换对调，意图通过不断升级的高效组织带来强大的执行力，服务于"五新"战略。激动人心的战略，必须有强大的阿里巴巴文化，不断升级的高效组织和强大的执行力，才能逐步成为现实。

组织升级服务于战略变革，是张勇担任CEO以来的一贯思路。2015年12月，在上任半年之后，张勇对组织结构进行了一次以建立"大中台小前台体系"的综合调整。在致员工信中，张勇表示：在大数据和云计算正成为新经济时代的"石油"和引擎的背景下，阿里巴巴要从过去自上而下的"树状"管理结构变成更加灵活高效的"网状"管理结构。

张勇将阿里内部分为"小前台、大中台"两部分。前端就是一线业务，需要面对快速变化的市场，以更敏捷、更灵活、更加快速地进行决策；这需要一个强大的中台来支撑，包括运营数据能力、技术能力、产品能力等；后台底层技术架构则需要稳定。这正代表了阿里从IT时代的数据运营，正式转向DT时代的运营数据。阿里零售平台的全面升级改革，云计算、阿里妈妈、菜鸟等新兴业务的全面独立发展，也是由此开始。

阿里巴巴每次组织结构升级，其本质都是与阿里整体战略升级相对应的自我变革。而张勇对于管理体系的思考和调整，既是他对于阿里整体战略思考的反映，也是为推进整体战略而做的准备。在组织管理上，张勇曾多次提到组织结构运营方式的升级。他认为，未来企业要适应市场的快速变化，一定要从组织结构的根本上进行自我改革和升级，重构自己，从而带动业务及市场的重构。组织升级需要执行力，以组织升级为战略变革的先导，可以说是张勇的组织哲学。

管理体系的再升级，是为了以不断升级的高效组织带来强大的执行力，为"五新"战略服务。在公开信中他说："不断升级自我，时刻具备拥抱变化的热情和能力，必须成为核心竞争力。"而2017年是阿里巴巴集团"五新"战略开始的第一年。组织再升级，正是为推进整体战略而做的准备。

这与阿里巴巴核心价值观中的"拥抱变化"一脉相承。在组织文化上，阿里每一次的架构变化，实则都是阿里意识到机遇和挑战后的自我变革，而每次组织升级，往往带来的是业务的爆炸式增长，更为重要的是商业形态的全面变革。

纵观阿里的组织结构调整，可以发现其每一轮调整，都是对于阿里整体战略变革的及时反映。以组织升级为先导、向组织升级要执行力，正是阿里战略历来得以高效推进的重要因素。包括张勇自己在内，这一轮组织再升级，涉及的高管全部是70后。阿里巴巴素来以管理层年轻化著称，目前，阿里巴巴管理层有超过一半由80后组成，70后管理者占45%，张勇及阿里所有一线业务总裁都是70后。

从2012年开始，阿里即实施管理层年轻化的整体换代升级工作。同时，为保证整体战略的延续性、稳定性以及执行管理的快速反应和创新能力的平衡，弥补传统意义上董事会决策过度流程化的弊端，阿里成立了战略决策委员会（董事长担任主席），以及管理执行委员会（CEO担任主席）。

"弓马殷实，猛将如云"，可以描述阿里巴巴当前的人才队伍；而这句话从17年前马云的愿望，成为今天的现实，离不开阿里持续建立完善的人才培训体系。

4. 优托邦，一个不断创新并充满活力的商业平台

"优托邦utopa"源于人类思想意识中最美好的理想社会——"乌托邦Utopia"。"优托邦utopa"是高德置地旗下的大型商业品牌，这一品牌的核心商业理想代表着对商业地产运营和发展的创新理念。优托邦"utopa"一词中，去除"乌托邦Utopia"中代表"以我为中心"的"i"，以"共创、共享、共赢"的理念，主张与社会资源广泛合作，以服务于人们对理想生活的追求为商业蓝本，借创新理念和商业平台，转化为可以实现的理想生活国度——"优托邦utopa"。

　　"优托邦utopa"是现实版、可实现的乌托邦，满足人们各方面的生活需求，是具备充分的生活体验和社交功能、O2O线上线下相结合的智能型综合商业服务平台。除了购物，还包含餐饮、百货、儿童、教育、运动、超市、娱乐、医疗、康体、慈善等一体化的、具有公园建筑属性的综合型生活平台，空间充满阳光、空气、水、植物和鸟类的自然生活属性，满足人们从物质到精神的方方面面的追求，是传递和分享幸福和快乐的理想国度。建立"优托邦utopa"这个品牌后，他们致力于继续全面提升现有项目的形象，包括产品品质、服务和环境，致力于全面整合线上电子网络平台和线下区域商业平台（online & offline），运用本品牌沉淀的历史管理经验、模式和资源优势开拓全国市场，力争成为国内商业地产行业龙头品牌。

　　"优托邦utopa"为了充分实现传递和分享幸福欢笑的使命，制订了完整的提升项目品质、服务、形象升级方案，并重点打造全新的健康娱乐品牌"天天家年华"。"天天家年华"定位为家庭健康娱乐的目的地，整合大规模的室内外游乐项目及演艺活动资源，将休闲、运动、娱乐、游乐等融为一体，为家庭中不同年龄层次的成员提供全方位的健康娱乐体验，让人们的商业空间充满活力和欢乐。

第二节
助力企业成长

　　企业竞争关键在于人才竞争，而青年人力资源开发是关系企业生存发展的决定性因素之一。青年员工作为最具创造力和进取精神的群体，其素质高低与工作积极性的强弱直接关系到企业的生存与发展[①]。

　　　　　　　　　　——张新明《谈企业青年团助力企业成长》

　　企业理应找准工作切入点，加强对青年人的组织和引导，服务企业生产经营发展，引导和鼓励青年将其聪明才智自觉投入到企业发展进程方面。为此，创新企业团建工作是当前企业管理的一项重要课题。

　　1. 创业基地助力上千户企业成长

　　小型微型企业创业基地既是创办小型微型企业的场所，也是新

---

① 　张新明.谈企业青年团助力企业成长.商场现代化，2010(34).

形势下"以创业促进创新、以创新推动创业"的平台。近年来，各地围绕产业集聚区，创建培育为中小企业提供产品研发、产品设计等共性技术服务平台，依托大学、科研院所的人才技术研发优势，创建培育产学合作式的公共技术服务平台，依托大型企业和行业龙头企业的设备和人才优势，创建培育为产业发展提供服务的公共技术服务平台，提高创新创业服务效率。

各地创业基地的创业服务功能完善，能为众多企业免费提供创业培训、创业指导、项目推介、创业贷款担保、成果转化等服务。基地还拥有各类专家导师团队，定期为在孵企业经营方面提供指导服务。正如一位企业负责人所说，创业基地为创业者解决了创业初期的场地、资金、技术等难题，让创业者更好地创业，实现自己的梦想。

一花独放不是春，百花齐放春满园。在国家大学科技园里，一群怀揣创业热情和梦想的年轻人，将一个个"点子"变成了现实。不同于其他类型的创业基地，大学科技园以学校为依托，真正实现校企结合，将教师的知识、技术转化为成果，为在校学生提供创业机会，在科技园建立市场营销教育实践基地，为学生和创业者提供营销理论结合实践的实战平台，为企业培养所需的人才。

2. 电商创业，助力小微企业成长

过去十年中，以阿里为首的电商行业，以高速发展的态势迅速抢占中国市场，成了不可缺少的一部分，但是经过了十年的发展期，电商行业日趋平衡，最原始的商业经营模式已经不再适合整个市场现状，如何才能得到更好的发展，这一问题使小微电商异常头疼，此时出现了一个行业新名词：再孵化。

顾名思义，电商孵化就是通过提供系统的培训和咨询，政策、融资、法律和市场推广等方面的支持①。山东天才电子商务有限公司旗下的天才大学、天才云商就是为满足这种社会需求而诞生的组织，其目的在于，降低创业电商的创业风险和创业成本，提高电商的成活率和成功率，为小微电商创造良好的环境，对处于初创阶段的电商提供全面的支持，适时为电商提供成长的营养。天才大学在电商创业过程中，起到哪些作用呢？

一是节省时间。一个电商想要获得必要的环境条件，除了要有一定的投资外，而且需筹备很久。而山东天才电子商务有限公司旗下的世纪天才已经将一切准备好，将助你找到发展之路，引导你更好的发展。

二是少走弯路。电商在组建和运作开始时，将面临很多问题，

---

① 吴国光.我国科技企业孵化器的发展趋势及对策研究.煤炭经济研究，2004 (5).

往往要作出抉择，如：确定产权关系、电商性质、合理利用资金、人员组合、开拓市场等，经验丰富的天才大学管理人员及专家咨询服务，可以及时帮助商家作出正确的选择，获得良好的信誉。不是任何电商或创业者都可以进入天才大学进行孵化的，天才大学有严格的接纳标准，能够接受孵化的都是有良好的市场竞争力和发展潜力的电商。

三是加快发展，提高创业成功率。良好的创业环境和高素质的创业服务，使进入天才大学、天才云商进行培训、再孵化的电商能够在孵化器中迅速成长、发展，在众多的电商企业中抢占更多的市场份额。

马云说：梦想还是要有的，万一实现了呢？要想实现梦想不能安于现状，要向前不断迈进，不给自己一个实践梦想的机会，就永远没有机会。

3. 聚合社会资本　助力企业成长

信息技术与社会方方面面深度融合、快速普及的背后，一场广泛而深刻的社会大变革正在生发。大数据是这个时代形象而鲜明的代名词。

未来需要的是崭新的国家治理模式，崭新的产业生态结构，崭新的经济发展理念，崭新的管理思想体系。大数据恰恰是这些崭新未来的交集所在，以中关村大数据产业联盟为代表的一些社会组织，是未来崭新社会形态的重要组成部分，是崭新的国家治理模式中不可或缺的要素。

"周期变短、融合加剧、组织异化、生态崛起"，是当前形势的显著特征，纵观全局，无论企业界、学术界、资本方还是政府均面临着新的问题。面对大数据产业的快速变化与发展，各界应当如何认识和判断，使大数据的思想、理念以及技术得以应用到各个领域，推进新业态形式下的产业变革深入发展？这值得深思。

"十"字形企业最具发展潜力和张力。"十"字的竖线是企业发力的主轴，扎根要足够深，才能长得足够高；"十"字的横线是企业的视野，必须足够广阔，才能找准企业未来的方向。具体而言，竖线代表企业在洞悉用户需求、研发新型产品、追求领先技术、提供专业服务方面要足够扎实。横线代表企业对政策走向、资本偏好、跨行业合作、学术前沿要保持充分的认识。一横一竖，如同坐标，企业发展所需的资源都可以据此定位，形成优势互补的态势。中关村大数据产业联盟致力于把横线做大，引领政策的走向，连接不同的行业，对接资本的服务，加入学术的研究。企业则需关注竖线，使之更精微，力出一孔，从而利出一孔。

基于对"十"字形企业的理解，联盟自运营开始，就确立了"落实国家战略，聚合产业资源，推动学术合作、助力企业成长、倡导数据伦理、探寻数字文明"的宗旨。经济的快速增长，离不开人力资本、金融资本和社会资本这三个要素。优秀的企业聚集了专业的人才、技术，是为人力资本；以股权投资为主业的金融机构，构成当下推动"大众创新、万众创业"的主力军，是为金融资本；中关村大数据产业联盟等社团法人、民非组织是为社会资本。过去人们对人力资本、金融资本的看法已经到位，但社会资本的价值往往被忽视。事实上，社会资本往往可以重新配置人力资本与金融资本。在这个意义上，在未来社会治理形式下，联盟将是一个重要的组成部分。因此，联盟简化版的宗旨就是"聚合社会资本，助力企业成长"。

开放则意味着资源共享，收益分享，收益分享的可行性促使合作的必然性，最终形成双赢、共赢的局面。所以联盟始终主张"开放、共享、合作、共赢"的价值观。对于潜意识里想"这是我的"、"你们得听我的"之类以自我为中心的人，一定会被新时代的知识型员工所替代。

宗旨和价值观非常重要，绝非虚无。在组织发展的过程中，将面临各种诱惑与选择。指导联盟作出正确抉择的，就是我们秉持的宗旨和践行的价值观。具体而言，中关村大数据产业联盟在三件事情上发力：智库、传播、资本。

新思想的产生，离不开彻底的跨界、频繁的沟通和系统的总结。而联盟汇聚了各行各业内顶尖的学者、专家、企业家、投资人。这些处在各行业的前沿的人，拥有丰富的一线实践经验。联盟既已团结了一批最富智慧的人，若还不能产生引领行业、引领时代的思想，未免徒有其名。因此，联盟建立了"智库"，是国家发展大数据战略的智库，是企业寻找发展方向的智库。在产业实践的基础上，联盟系统性总结了联盟"三论"，指导行业发展与经济结构调整。

一是以"数据资产"为核心的多元化发展战略。在企业战略理论中，一些管理学家往往热衷于辩论企业发展究竟应注重专一产业还是多元产业？如今，我们可以明确指出，以数据资产为核心的相关多元化发展，是壮大企业的最优战略。这一想法在赵国栋等《大数据时代的历史机遇》一书中有具体论述。

二是以产业互联网为统摄的区域经济发展理论。大数据的蓬勃发展是生产性服务业和第一产业、第二产业深度融合的历史性契机。这三者的紧密融合，可以降低交易成本，提升跨行业的运行效率，真正促进经济发展。产业生态、大数据、生产性服务业是发展经济的三大要素。这一理论在《产业互联网》一书中有详细论述。

三是以"中间市场"为特征的组织变革理论。大数据可以显著消除信息不对称，降低交易成本，组织也因此发生根本的变化。以泰勒为代表的金字塔形组织结构面临崩溃，越来越向去中心化、无边界、自组织的扁平形组织演变。组织是所有管理理论的核心支柱，组织的异化足够颠覆风行几十年的经典管理理论。中国大规模的"互联网+"实践，也许可以促进管理学演进到3.0时代。这一理论可参见《产业互联网》一书。

联盟这些原创的思想，强调经济转型、产业发展、企业战略领域。中国行政体制改革研究会则在国家治理、双创经济等领域走在学术前沿。双方的理论研究高度互补，借由"12·12"中关村大数据活动，双方签署战略合作协议，一同促进数据时代的管理理论体系发展，致力于建设国家级大数据智库。

在传播方面，联盟是一个天然的宣传推广平台。在某种意义上，"谁说的"可能比内容本身更重要。基于这一观点，联盟建立了立体的传播体系。一是大型品牌活动，包括"中关村大数据日"、"贵阳数据博览会"等；国家发展和改革委员会认为品牌活动对产业发展具有积极的促进作用，正策划国家级的大数据品牌活动。二是自媒体，有四个自媒体"大数据文摘"、"软件定义世界"、"大数据洞察"以及中关村大数据产业联盟官方账号与联盟相关。这些账号粉丝总计超过40万人，基本覆盖了关注大数据的主流人群。三是合作的网站、电视台等。"数据观"则是专注于大数据行业的垂直媒体，依托贵阳日报报业集团和联盟资源，迅速成长为访问量最高的大数据网站。四是定期的论坛、沙龙，线上线下交流活动等。联盟累计举办的大大小小的活动超过500场，大数据受关注的热度陡然升高一个数量级。联盟会员12·12大数据日集体亮相，引领了行业，震撼全场。未来，联盟将持续为大数据呐喊，要成为全行业的市场宣传部。

资本，正在逐渐成为联盟推动行业发展的重要抓手。智库和传播，偏重于思想，通过思想引领推动行业频繁交流，联盟是沟通交流的纽带。通过资本的力量，致力于把会员企业通过"股权"关系更加紧密地连接在一起，联盟将扮演股权纽带的角色。联盟之所以要在资本方面发力，是基于对产业发展规律的洞察。

目前产业周期大幅缩短。"十年河东，十年河西"，不得不改为"三年河东，三年河西"。仅三年，"滴滴打车"成长为一家估值六千

亿的公司。这样的高速成长并非个案，而是未来产业的发展特征之一。"滴滴"的高速增长离不开资本的大力支持。一体两面，明显缩短的产业周期，意味着市场竞争将更加惨烈。这就需要企业"不走寻常路"，"守正出奇"，善固本，善融资，必须走产业和资本深度融合的道路。再者，产业融合乃大势所趋。上市公司可能收购大数据公司，大数据公司也可能收购上市公司，也可能合纵连横。联盟利用资本来推动，利用资源来支持。

智库、传播、资本都是促进行业健康快速成长的要素。联盟通过创新型的组织形态，把政府、产业、学术、资本联结在一起，形成一个支持经济转型的产业生态基础。联盟与政府联手，致力于营造有利于新技术、新模式、新业态公司的发展环境。联盟密切关注产业，将联盟连接的资源最大限度地开放。联盟支持学术前沿研究，致力于学术成果与优秀企业的完美对接。联盟引领资本，密集投向深具社会价值的大数据领域。

4. 轻资产助力创业企业高速发展

什么是轻资产？事实上，这个词很多企业已经沿用多年，但并没有进入一个主流视野，许多公司默默地践行这个想法，但并没有一个具体的概念，比如百度搜索，教科书中没有一个严格的定义。

对此，抽象总结一下轻资产运营的概念是什么？核心资产、核心业务由企业持有，非核心资产、非核心业务外包的方式，这一概念被称为轻资产[①]。

什么是核心资产？核心资产一般指企业的品牌、专利、发明，包括核心的知识产权等；那核心业务是什么呢？一般与主营业务相关的业务，是核心业务；而非核心资产，基本上是指公司的办公设备、场所、日常办公用品包括非核心业务的人员等。

轻资产操作的优势有哪些？许多人可能会模糊不清，包括一些创始人，他们认为轻资产有很多好处，但是对于具体的好处却不能很清楚地分类。首先，轻资产运营的重心在于管理层面，企业管理层的精力是有限的，如果把有限的管理精力浪费在非核心业务上，是不值得的，而采取轻资产运营则可以很好地节约管理层的精力。

其次是人员层面，可能要招很多领域的人，这些人在其他领域不是很专业，但在核心领域上非常专业，这时候就该专业的人做专业的事。公司内部的全体人员只做核心业务的事情，把非核心业务的人和事外包出去，表面上看可能是少招一些人多花一些钱，实际上节约的远远不止这些。

再次，从资产上来说，资产较轻时，转型比较容易，资产较重时，可能会严重拖垮企业的转型。

从管理精力而言，重资产的运营会花很多精力在非核心业务上，

---

① 穆林娟，毕延慧. 电商轻资产商业模式的风险分析——以当当为例. 商业会计，2016(9).

且当公司资产越重，花在非核心业务上的精力越多，最后演变成管理精力浪费。例如，公司采购非核心资产，采购需要领导批示，难以判断领导是否懂采购。在持有资产过程当中发生的费用也要领导审批，比如平时办公室有东西损坏需要修理，修理费用也需要找领导批示，但批示的费用难以确定，这也是非常大的浪费。

处置资产方面，处置资产也需要领导批准，不处置是浪费，处置没有好的渠道，对小公司而言，处置资产还能获益，但对于中大型公司而言，处置资产是开销，需层层报批，浪费管理层精力，最后获得的一点收益，与整个流程中各级领导精力的花费完全不符。所以轻资产对于管理精力而言，十分有效，直接把这些交给外包，一次决策之后一直沿用这个模式，一劳永逸。

就人员方面，如在资产购置方式，公司里要设置资产购置岗位、资产维护岗位、资产管理岗位、资产处置的岗位，这些都是一个公司运营资产必备的岗位，看似节约，实则不然。以电脑为例，公司可能起初购买200台电脑，要招运维、行政人员等。等到电脑保修时，经常性维修时会产生各种开销，买电脑还要审批。表面看似省钱，实际上，将人员精力考虑进去则不然。

中国政府在这一方面有很多实例，如公车改革，从公司或者单位的角度而言，买车很便宜，10万元，一辆车要开10年，平均1年才花1万元，招司机，运营这个车还需开销。真正的操作，将发现各种维修、保养费用，最后发现持有这辆车的成本要高出这辆车的价值，因为在维护、管理资产方面不专业，难以清楚存在的漏洞，核算后发现，整体费用还比不上租赁，至少整个过程是可控的。

从资产角度出发，资产过多时，公司将非常臃肿，难以应对灵活的市场变化需求。这些资产包括人员、设备、场地，有时候公司面临转型时，这些资产难以处置，10万元资产转型时，可能1万元都难以处置，甚至有的只能丢弃。

我们称轻资产运营是现代企业高效的运营之道。省心、高效、灵活这些都是轻资产运营所带来的最大好处。很多人怀疑是否因为没钱才说轻资产？其实不然，我们说资本冬天来了，互联网企业说自己没钱了，有钱就不需要吗？作为一个企业股东，没钱是常态，这种常态不是指账面上的现金，而是始终对现金保持一种饥渴，这种现金的价值不是节省资产带来的利益的价值。从这一角度来说，不管说资本寒冬来了还是不来，企业对现金流的追求都是非常必要的。

初创企业的典型特点有三：1. 资金不足，很少有初创企业或者互联网公司认为资金特别充足。2. 人员变动大，上月20人，这月变成10人或30人。3. 转型、方向调整频次高，资金不足、经验不足，又面临大的变化。因此，轻资产是非常重要的运营之道。

对于大型企业，比如航空公司等比较大型的公司，其设备就是租赁，其实很难说海航、国航没有钱，但多数都是保持有更多现金流来运行更大的业务，这是中大型企业关注的重点。

设备租赁的好处也非常显著，10人团队买40台电脑需4万元，租赁仅1 000元，可以将宝贵的租金用于其他业务。将其他人员尽量

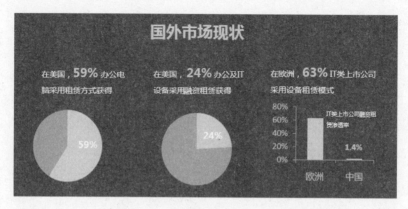

图 3.2.1
资料来源：【星路演】易点租：国内首家办公电脑免押金租赁电商
http://www.donews.com/dtv/detail/dtv_xingluyan/2913148.html

外包，如会计人员、各种服务类、公司注册人员、税务类的人员，这会给公司带来更大的便捷性。

易点租国内首家办公电脑免押金租赁电商，主流的办公IT设备，如电脑、空气净化器、WiFi环境、打印机齐全，基本上覆盖了办公设备各类用品。其特点是应对轻资产的特点，无需押金，一次租齐，租金便宜，随租随还，整个租赁周期中还包括全程售后服务，需要保修和额外的支出，极为便利。在线选择设备、在线提交订单，操作方便。

革新企业模式

市场上的产品极大丰富、顾客搜索成本有限、态度日益挑剔，仅仅依靠提供比竞争对手更高品质的产品和更有吸引力的价格就可以取胜的时代一去不复返了，剧烈的市场竞争迫使企业不断寻求获得竞争优势的新方法[①]。

——成韵《基于顾客价值的企业市场创新研究》

现代企业必须适应市场环境的变化进行市场创新，必须通过对顾客价值的密切关注和高度满足来获得新的竞争优势。

1. 懒人汽车革新二手车交易模式

懒人汽车加州负责人Lexie接受中国驻洛杉矶总领馆领事颁奖，南加华人创业颁奖典礼是非营利组织，被誉为南加州华人创业圈形

---

① 成韵.基于顾客价值的企业市场创新研究 [D].武汉理工大学，2010.

成以来最大规模和最具影响力的盛典。颁奖典礼用于鼓励和支持南加华人创业者，不仅让人们了解创新项目，把握南加创业动态，更能集成南加的创业资源，最终服务并加强华人创业生态圈。此次颁奖典礼吸引了超过700位观众与40多家南加州顶级风投参与，为南加州华人创办的企业颁发了创新突破奖、特殊贡献奖、最具发展潜力奖等11项大奖。懒人汽车以独创的在线直销二手车交易模式，脱颖而出，斩获最佳商业模式创新奖。

懒人汽车是目前全美唯一一个集合交易资源、信息共享、专业服务为三位一体的二手车交易平台。起初，懒人汽车公司采用了传统的C2C模式，即桥梁式二手车经销模式，嫁接私人买卖双方。公司通过互联网平台提供第三方的二手车检测服务，成功为客户解决私人买卖时质量缺乏保障的难处。这是二手车平台与互联网领域相结合的一个创新，虽然是简单的互联网模式引入，但为两者结合开辟了一个崭新的思路。

此后，懒人汽车公司的移动互联网平台逐渐发展成为C2C和B2C共存模式，如淘宝和天猫两个平台。在C2C模式下，公司改进了移动互联网平台，提出了"车主直售平台"的理念，从而更好地实现了买卖双方的直接联系。车主直售，即淘宝平台，通过车主直售实现O2O自由交易，并为每位买家卖家提供专业的报告，用以呈现车辆历史以及专业的估价建议，无需任何中介手续费，并为其提供第三方货运、车检和支付的支持，保障私人之间的交易。

　　另一方面，公司提出B2C"认证车"平台模式。认证网购，即天猫平台，B2C模式利用平台快速获取资源，提供了对客户体验更好、自身利益也更持续的服务。在这一模式下，公司直接获得高品质的私人车源，通过203项业内最全面的检查以及全方面的审核，将符合标准的车作为懒人认证车，通过移动互联网平台销售给客户。这一过程中，公司能够砍下运营成本，让利于客户，同时开创了"全美包邮、送车上门、十天包退"的购物理念，使二手车网购像亚马孙购物一样简单。

　　就目前互联网与二手车发展，懒人汽车在北美的二手车市场上做的互联网尝试，是先驱性的，也是颠覆性的。从未来发展的角度看，懒人汽车已经开始探索平台提供的第三方服务，即完善平台销售的认证车的售后服务与跟踪。汽车从购买到保养甚至置换的"一条龙服务"，都是懒人汽车公司即将完善和建立的互联网平台服务体系中的一部分。同时，懒人汽车也有汽车金融服务，保证无论是初到美国的留学生，还是老移民，都能享受最优质的贷款服务。

　　只用了两年时间，懒人汽车从咖啡店里面的一点点想法发展到在客厅里办公的小作坊，到现在业务遍布美国，融资额已经达到500万美元。

　　但这只是一个开始。汽车领域的发展空间拥有巨大潜力，作为改变传统汽车贸易行业的领先者之一，懒人汽车今后将会如何改造传统汽车行业，又会提出哪些新的互联网模式，我们还需要拭目以待。

2. 探索国企改革模式　践行创业创新战略

"互联网+"、国企改革、创新创业是当前的热点话题。能兼具这三方面特征且面面俱到的企业并不多，中关村互联网教育创新中心就是其中之一。作为国企在"互联网+"领域创新创业的成功案例，它对未来的探索和尝试从未停止。

2015年，国企改革进入关键时期。李克强总理在政府工作报告中指出，要深化国企国资改革，有序实施国有企业混合所有制改革，鼓励和规范投资项目引入非国有资本参股。9月份以来，《关于深化国有企业改革的指导意见》等文件发布，国企国资改革的实质效果即将展现。

2015年，也是"互联网+"和"大众创业、万众创新"迅猛发展的一年。"互联网+"、创业创新向更广泛、更深层次的领域快速推进，国民经济新业态、新模式、新技术取得多项突破，值得肯定的是，智能化带来革命性的产业变革，直接体现国家生产力水平的制造业加速迭代升级。

国企国资改革系列文件出台是重大利好，改革方向符合市场预期，有些内容甚至超出预期，相信此次改革将显著提高国有资本效率，做强做优做大国企。"互联网+"和"大众创业、万众创新"也对增加国企活力、提升国企发展水平发挥出积极作用。

中关村互联网教育创新中心属于全资国有，但它的诞生、运营和发展完全是市场化的行为。迄今为止，中关村互联网教育创新中心已在国企转型方面取得良好成绩，下一步将继续努力，在双创时代背景下探索国企改革模式，完善现代企业制度，为国家教育产业发展、国民经济结构调整作出贡献。中关村互联网教育创新中心属于国有企业，它是海淀置业集团的全资子公司，而海淀置业集团是北京市海淀区政府辖下的国资平台。

目前，中关村互联网教育创新中心仍然是传统国企，接下来的改革之路，还需等北京市、海淀区的指导意见，等海淀置业集团的改革方案。但在国企改革之前，中关村互联网教育创新中心已领先一步，规划实施了国企转型，针对自身定位、组织机构、发展方向、发展战略等作出市场化调整。现状表明调整是成功的，既符合北京市、海淀区的产业园区发展规划，也能经受住市场检验。就本轮国企改革而言，机制至关重要。中关村互联网教育创新中心的发展战略、市场布局较超前，但具体机制尚未跟上。

"适应新常态"的要求蕴含着改革要义，国企要适应经济社会发展的新常态，要适应新的市场竞争和新的国际格局，就必须进行机制改革。实际上，国有企业也需要有自己的新常态，正在往新常态走，机制问题已有所考虑。短期内可依靠激情，长期必须依靠制度。互联网教育是新兴产业，起点偏低，难度较大，什么样的机制能够使人们长期坚持，对互联网教育进行不懈地探索，以之推动中国教育事业的发展？

必须建立一套能帮助员工实现理想和人生价值的机制，让他们为其奋斗毕生。人们常认为国企员工没干劲儿，但事实却未必如此。在中关村互联网教育创新中心，员工积极性非常高，主动克服诸多困难，只为逐步推进工作。

管住资本，不管人、不管经营、不管事，这是国企改革最好的模式。中关村互联网教育创新中心希望以此种模式为基础，建立一套完善的机制，让那些愿意为互联网教育献身的优秀员工，能够在这个平台上实现他们的理想与抱负，让愿意投入资本和精力，支持互联网教育发展的团队成员，能够在这个平台获得回报。中关村互联网教育创新中心的运营模式是完全的市场化，但内部机制还未进行市场化，转型只是改头换面，心还是一颗完全国企的心。国企在转型上做了诸多探索，在国企体系内，用老机制做了一些新鲜事，但长期看还要创新机制，这才是动力的源泉。

转型开始初期，中关村互联网教育创新中心就与"互联网+"建立了良好的合作关系。中关村数字物流港，是中关村互联网教育创

新中心的前身，大批贸易类企业曾聚集在此，形成一个庞大的电子市场。自2012年起，电子贸易类企业开始下滑。2013年，电子市场柜台

十几个空置，六折也无人问津（该价格已回到2008年的水平）。

2013年，互联网教育刚涌现，发展前景乐观，市场空间巨大。海淀区教育资源、IT资源十分丰富，两者结合即互联网教育。"天时"、"地利"已经具备，"人和"也在为期两个月的高强度培训后，快速到位。2014年6月，中关村互联网教育创新中心正式启动。

中关村互联网教育创新中心十分贴近市场，组织大量活动、汇聚众多企业、赢得广泛认可，这都是在市场中拼搏、点滴积累而来。目前，中关村互联网教育创新中心的业务已经做实，具备一定的基础，知名度越来越高，资源整合能力也不断提升。

为了让更多人了解、接受并参与互联网教育，扩大互联网教育的社会影响力；在北京市和外省市寻找一些合作基地，培育、汇聚更多互联网教育企业。同时，形成业务链的良性循环，促进中关村互联网教育创新中心的收益增长，从财务角度支撑做大做强。"目前我们是互联网教育科技园区的领跑者，预计未来也无人能够超越。"

互联网教育是永远的朝阳产业，我们将继续在这一领域取得进展。我们的初心始终是做"互联网教育产业的聚合者"、"互联网教育产业的服务者"、"互联网教育孵化的领航者"。

始终围绕双创，中关村互联网教育创新中心收获了很多双创经验，同时仍在不断探索。2015年11月，中关村互联网教育创新中心参股成立一家投资公司。该投资公司属于混合所有制，主要由中关村互联网教育创新中心（持股20%）、北京师范大学和北京邮电大学（每家股份都不超过20%）等股东构成，无控股股东。一期基金定向募集3亿元人民币（已认购完毕），专项投资互联网教育领域的创业项目。

3. 创业记：魔迅科技的革新传统运动方式

随着生活水平的提高，人们对健康重要性的意识不断加强。因此，在健身房，许多人挥汗如雨；在操场上，人们竞相追逐；甚至在微信朋友圈中，也不乏好友将运动成绩"晒单"。对于把运动当作一种生活习惯的人来说，每天运动必不可少。

美国著名经济学家保罗·皮尔泽在其著作《财富第五波》中，将健康产业称为互联网浪潮后的明日之星[①]。阿里巴巴集团董事局主席马云也曾坦言，下一个世界首富一定出自健康产业。因此许多企业都开始布局健康产业，企图在这个庞大的市场中有所建树……

健康永远是人类的第一需求，而学习是人类发展的动力源泉。我们的技术应用正是顺应了人们对健康、学习的基本需求，引领群众进行最为安全、环保、经济和全天候的运动锻炼方式，因而有着巨大的业务和良好发展前景。通过娱乐化的方式做运动健身是一片未经开发的蓝海，在未来大有可为。

据上海魔迅信息科技有限公司网站介绍：计算机研究生硕士学位出身的王国兴是国内IT行业资深职业经理人，自1992年起一直在Cisco（世界500强）、Foundry、Avaya（世界500强）、Concerto、

---

① 保罗·皮尔泽.《财富第五波》.中国社会科学出版社，2011.

Riverbed（美国IT行业标杆企业）等知名美国公司任职。2007年，在加拿大担任美国Gesturetek公司的中国业务顾问，而Gesturetek公司是全球摄像头应用领域的技术领导者。王国兴在工作期间深入了解图像处理的最前沿技术，结合自己大学期间的技术背景，成功开发了基于普通USB2.0Web摄像头的体感引擎。此时，王国兴意识到，创业机会即将来临。

2010年4月，王国兴回到中国，在张江高科技园区成立了魔迅科技。凭借着其领先全球的USB2.0Web摄像头的体感引擎技术，通过上海浦东软件园的评审，并以最具投资价值和最具成长性的高科技企业两个第一名被引进张江孵化器。"与其他创业者相比，我们无疑是幸运的，因为我们的体感摄像技术一经面世即获得了与联想、TCL、创维电视等知名上市企业合作的机会，为他们提供视频体感游戏。"王国兴打开他们曾经为联想电脑制作的视频体感游戏，屏幕上呈现出了一个乒乓台、一个卡通人物，不需要键盘和鼠标，只需游戏操作者站在摄像头前，就可以与屏幕中的卡通人物进行实况乒乓球比赛。

2010至2012年，在与大型上市公司合作两年后，王国兴意识到，仅靠技术外包所获得的收入无法使自身迈上新台阶。"仅做技术外包，难以发展壮大魔迅，于是我们想到了炙手可热的互联网。因为运动健身已成为大众生活中密不可分的一部分，而互联网的发展也在渗透到各个行业中。如果把两者有效地结合起来，是否可以适应潮流，带来新机遇呢？"在王国兴的反思和追求中，"魔迅运动

吧"诞生了。

"魔迅运动吧"通过互联网终端，利用人们的碎片时间，以娱乐化的模式进行健身运动。"魔迅运动吧"包括两个部分：魔迅运动吧社区和魔迅运动吧应用。魔迅运动吧社区提供账户管理，查询运动成绩，与好友互动等。魔迅运动吧应用提供摄像头视频体感应用。

除"魔迅运动吧"，魔迅科技还开发出了魔迅健身的套件，有利于个人和家庭的运动。其不受传统运动对时间、场地和器材的约束，让受众随时随地动起来。只需在电脑（或者安卓盒子）上安装魔迅运动识别摄像头，下载安装魔迅健身软件即可。不受天气影响、不受时间约束、不受场地限制，自己选择开展运动的时间和地点。用户可以独立锻炼，也可选择网上教练指导锻炼，更可通过微信与他人分享训练心得及成果。

其实，在"魔迅运动吧"诞生之前的2013年，一次偶然的机会，王国兴参加了南京领军型科技创业人才引进计划，并最终获得该计划的最高评审。"我们获得政府资助成立南京魔迅科技分公司，可以这样说，在分公司成立后，我们才真正开始致力于互联网娱乐运动健康的平台搭建，魔迅运动吧社区和APP也在随后面世公测发行。"提起这一机会，王国兴认为这是魔迅科技重要的里程碑。

据王国兴介绍，"魔迅运动吧"在其发布、面向市场的2个月中，积累用户已超过4万，运动记录超过10万人次，其中近5%的客户是付费购买客户，其拥有更多的娱乐运动类型，更强的用户体验。值得一提的是，魔迅科技的用户除了以互联网式的自然增长，也会为政府、学校、企业、医院等提供服务来获取价值。

2015年7月，南京市教委通过"魔迅运动吧"在暑期给中小学生布置作业，或借其布置常规体育作业，以此进行全面推广。近期，"魔迅运动吧"得到了江苏省移动公司的申请认可，已经正式上线在全身百万机顶盒用户中进行推广。"魔迅运动吧"还是江苏省体委群众体育项目的标准课程，成了全省体育指导员上岗必考课程……

立足上海，深耕长三角，布局全国，在发展道路上，魔迅科技发展前景愈佳。

第四章
隐形冠军对产业转型的引领意义

第一节
德国隐形冠军的起源

　　隐形冠军有着一些不同于其他企业的特点：大力关注
能让它们占据统治地位并在高成本的德国继续生产的细分
市场；拥有开拓新市场的全球战略，以及"亲力亲为"的
创新和生产方式；通常是家族企业或私营企业，以确保连
贯性。

　　　　　　　　——理查德·米尔恩《德国中小企业的隐形冠军》

　　赫尔曼·西蒙为"隐形冠军"的定制拥有三个硬性指标：行
业内全球市场份额第一或第二，或欧洲市场排名第一；年销售额
不足10亿美元；在公众中知名度较低。西蒙研究发现，这些"隐
形冠军"在规模方面比传统家族式小企业要大，但在组织及管理结
构方面，又与传统家族式企业类似。他们灵活高效的管理方式可以
有效避免缺乏弹性、劳动分工过细、官僚作风、远离顾客等"大企
业病"。

1. 德国隐形冠军的产生

德国的隐形冠军非常之多，可以说不胜枚举。众所周知，德国

并不是世界上最早的工业化国家，在工业发展的历史进程中仅是后起之秀。那是什么原因使德国成为一个全球隐形冠军企业最多的国家呢？

诸多原因，如注重工匠精神、行业专家、技术创新能力、长期的战略目标、细分市场、独特的经营模式等。上述因素固然重要，也是大多数成功企业都具备的共性，但不能解释为何如此多隐形冠军偏偏出现在德国。这正如一棵果树，虽然嫁接、修剪、果枝培养、授粉等工作非常重要，但这不完全是果树良好生长和高产的主要原因。

决定性因素应该是土壤。一般而言，土壤肥力对果树的生长十分重要，但这不是绝对的。有些果树适宜在贫瘠的土地甚至是沙漠中生长，在肥沃的土壤里却无法生存，反之亦然。由此可见，土质决定果树的品种，什么样的土壤种植出什么样的果树。常言道，有什么样的消费者就会有什么样的产品来满足，隐形冠军所需的土壤就是德国民众的消费心态和意识。那么造就隐形冠军的土壤或土质究竟是什么呢？

在欧洲部分国家的访问和考察过程中，笔者发现了一个引人深

思的现象：意大利首都罗马火车站附近的多条街道上，充斥着中国各类商品的批发和零售店，该国其他城市如米兰、都灵、佛罗伦萨等都有中国商品的专区批发店，西班牙和许多东欧国家除了首都地区，在二线城市，中国商品批发店、零售店也随处可见。

与此相反，德国却没有这种现象。以德国经济、商业、人均收入最高的慕尼黑为例，十年前，正当中国商铺在欧洲许多国家高速发展时，一批中国商人看中了慕尼黑这块欧洲风水宝地。他们在离市中心7公里左右、交通十分方便的一座商业大厦内租赁了几层楼，建立"中国商贸中心"，经营各类中国商品，十几家商铺以批发为主、零售为辅。同时他们在慕尼黑的商业街"奥古斯腾大街"以高租金试开张了三家零售店，计划把这条2公里长的商业街打造成"中国商业街"。

但现实是非常残酷的，德国慕尼黑市不同于欧洲其他国家，即对于在欧洲其他国家流行的"中国商铺"模式，慕尼黑的消费土壤并不适合或不接受。不到一年，整个"中国商贸中心"和三家零售店停业关门。部分商家还不死心，又在离高速公路较近的慕尼黑"欧洲工业园区"内租下整整一层楼，开设了近十家中国商品批发店。可是结局依旧残酷，不到半年就关闭。由于中国商铺在欧洲其他国家的成功经验实在太诱人，因此不断有中国人在慕尼黑市内包括人流很大的火车站附近，尝试经营中国商品零售店。当然，最后的结局都一样：关门停业。

慕尼黑如此，德国其他地方也一样。在德国各大城市，很难找

到成片的中国商铺或有一定规模的中国商贸中心。作为欧洲经济和
消费水平最高城市之一的慕尼黑和其他主要的德国大城市，为什么
一家有规模的中国商品批发店或零售店都难以生存？要解答这一问
题，不得不提及德国民众的消费标准和消费意识。

可以说，德国消费者对企业的产品和服务质量是近乎苛刻的，
一般而言，吸引他们消费的并不主要是价格，而是他们认为有品牌
价值为后盾的企业，即隐形冠军。这些隐形冠军们在消费者心中的
品牌形象并不是通过广告、炒作、超强的营销方案所形成，而是几
十年、甚至上百年以来隐形冠军在了解到消费者的消费意识后，为
消费者量体裁衣式的客户定位、质量为上、亲近服务所形成的。

以电锯为例。德国一
些仓储式超市经常有由
发展中国家生产的、价
格100欧元左右的电锯
出售，而德国隐形冠军"斯蒂尔（STIHL）"电锯售价大多是1 000
欧元至3 000欧元。可在德国，大多数家庭几乎都是"STIHL"电
锯；还有一个生产童桌的隐形冠军"摩尔（MOLL）"，生产的童桌
售价一般上千欧元，而其他同类厂家售价是200欧元左右；还有
生产厨房电器的隐形冠军"米勒（MIELE）"，同功能的电器售价
比"西门子"要贵一倍；又如德国大型连锁园艺商场的隐形冠军
"登纳（DEHNER）"提供的花草植物价格比许多大型超市贵出几
倍，但"DEHNER"公司的花草植物还是德国消费者的主体市场，

"DEHNER"提供的不仅仅是花草产品，而是其背后一对一的服务和咨询，包括为客户提供如何用它们公司的植物来设计，美化自己的家庭园艺的咨询，所以"DEHNER"拥有的不是花草销售员，而是花草植物专家、顾问和园艺设计师。

一些德国朋友，只要有购买能力，就尽可能会购买隐形冠军产品，因对其产品具有高度认同和信任，并愿意付出高价。一个德国朋友20平方米的藏书房，用的是隐形冠军"胡尔斯塔（HÜLSTA）"的木质带推门书架，为此投资了近2万欧元。他的理由是，"HÜLSTA"的书架不仅体现爱书者的品位，更是由于使用"HÜLSTA"自带灯书架更放心，灯的质量能保证十几年不坏，且木质书架内配金属，可以保证永久不弯，不会造成推门受阻。

从以上例子我们或许能发现德国民众的消费习惯，并了解这种特色的消费土壤又是如何促进德国隐形冠军形成的。德国消费者认同隐形冠军产品的原因，还在于隐形冠军的产品转售率高。由于德国这块消费土壤对隐形冠军产品认同率高，可信度强，若转售，其价值并不会因二手货而损失惨重，其价格同样会远远高于非品牌的新产品。而同类非品牌产品若不为二手货出售，就只能作旧货处理，甚至会分文不值。

这就是德国的总体消费土壤。可以清楚看出，隐形冠军所做的就是主动适应这片土壤，因为他们清楚，创新的技术、到位的服务，极优的产品质量等，消费者是看在眼里的，且愿意为此买单。同时这片消费土壤也以它的良好消费心态和意识，促进了隐形冠军在经营的各个环节中更加完善，去迎合消费者的需求和愿望，这两者起到了共生互补的作用，所以德国的消费土壤促进并打造了优者更优的德国隐形冠军。

那么是否有不法企业来造假和模仿隐形冠军们的产品呢？可以肯定地说，造假在德国企业中几乎不会发生，这不仅是德国有严格的知识产权保护法及强大的执法能力，造假产品在真正的消费群体没有市场，而且他们会主动监督甚至去投诉不法企业。土壤会自动对土质进行改良，对于来自其他国家的假冒或仿造隐形冠军的产品，在真正的德国消费群体里是没有市场的，因为他们购买的不只是外形，而是隐形冠军们的内在品牌价值。

2. "缝隙市场"造就的质量帝国

"隐形冠军"之所以长期不为人所知，一个重要原因是其产品有些仅是终端消费品中的一部分，如汽车天窗的部件，甚至有些是小到极易让人忽略的物品，如纽扣或饮料瓶上的标签。

德国法兰克福财经管理大学的专家博飞指出，德国中小企业的显著特点在于其产品往往针对"缝隙市场"，因此难以被大众知晓。但是，一旦德国企业凭借雄厚的制造技术在细分市场建立质量优势，他们将不断加大研发投入，通过创新巩固和扩大领先优势。

德国"隐形冠军"之所以不被大众知晓还有主观原因。德国汉宏国际物流公司总裁克劳泽·赫尔曼说，很多德国中小企业主动远离媒体，担心人们将焦点过多地集中在他们所拥有的财富上面，保持低调更利于其专注于企业的传承和发展。

对于德国的家族式企业来说，家族成员的存在使整个公司的管理层对于公司的经营目标有长期的考量，不会因短期业绩压力放弃长期目标。相对于大企业来说，家族式企业的管理结构十分灵活，有利于快速决策、抓住机遇。此外，德国企业普遍具有执着精神，一旦进入某一行业，他们就会专注于此，绝不会因为其他行业"钱景"更好而改弦易张或多种经营。

此外，"隐形冠军"产品多与制造有关，其推动了德国制造业的强大。大多数德国公司不欲通过低成本竞争来抢占市场，而是依靠高品质、高质量的产品进入高端市场。

当然，飞速发展的时代，也给"隐形冠军"带来了新的挑战。首先，技术的迅速发展，使一些行业被淘汰，进而波及至"隐形冠军"，如何快速适应变化的市场，是他们所面对的重大挑战。其次，新兴国家经济的快速发展，使德国"隐形冠军"的竞争对手越来越多。最后，对于许多德国家族式企业而言，寻找接班人也是令他们头疼的问题。

曾经，德国普茨迈斯特是混凝土工程机械领域的绝对"冠军"。然而，由于竞争对手的快速成长，普茨迈斯特近年来市场份额急剧下滑，市场领导地位丧失。与此同时，公司难以找到合适的接班人，最终导致普茨迈斯特被中国企业三一重工收购。

第二节

深化价值链　实现全球化

　　每个人都知道"德国制造"代表着世界制造标准的巅峰。殊不知其背后的中坚力量是大量的"隐形冠军"企业：这些企业林立在德国的城市和乡间，它们在行业内享有盛誉，但不为普通的消费者所知；在所处的行业处于世界领先地位；生存时间都在30年以上，有的甚至已有上百年历史；在一个狭窄的市场内精耕细作，直到成就全球行业内的"独尊地位"（Only-One Company）。隐形冠军企业扩张得很慢但发展稳健，讲究价值驱动而非盲目扩张。隐形冠军企业多数是家族企业，企业主追求"鬼之艺，匠之气"的精神并代代传承，它们是世界一流企业群体中富有个性的一个集合[①]。

　　　　　　　　　——赫尔曼·西蒙《隐形冠军：未来全球化的先锋》

---

　　①　赫尔曼·西蒙，张帆等译. 隐形冠军:未来全球化的先锋. 机械工业出版社，2015.

隐形冠军企业，是在某一窄小的行业里做到顶峰的中小企业，而中小企业是中国制造业的主体，在国民经济中占据十分重要的地位[①]。面对新时期转型过程中的重重矛盾，企业的转型之路在何方？生产技术瓶颈、劳动力成本的上升、能源利用和环境的矛盾、海外贸易壁垒等问题，需要企业家逐一应对和解决。未来中小企业的发展需要融入世界经济共同体，并在全球市场占据主导性的市场份额。

1. 集中与深化

隐形冠军企业一定不会宽泛地去定义自己的市场，而是在有限的市场领域里，深化价值链。

Winter halter公司是一家生产商用餐具清洗机的公司。10年前，他们进行市场调研发现，公司的产品市场基本在类似于医院、食堂这样的二级市场，且市场份额仅占3%～5%，不过是众多供应商中的一个。因此，他们重新做了市场定位，把资源定位于医院、餐馆使用的洗碗机，同时进一步深化了价值链，导入了净水装置。他们还销售自主品牌的餐具洗涤剂，将营业时间扩展到一天24小时、一年365天。此外，推出特殊餐具清洗机，用于清洗带光泽的玻璃器皿。除了新产品研发外，他们还强化企业内部的经营管理。为了更好地与客户沟通交流、理解客户的需求、烦恼和问题，公司尽量招聘拥有酒店和餐馆工作背景的员工。麦当劳、汉堡王以及希尔顿饭

[①]　王竹玲，阮晓.我国隐形冠军企业发展的障碍与对策探析.商场现代化，2007(36).

店等知名企业都使用了该公司的产品，现在这家企业已成长为全球公认的业界第一的优秀企业。

与"集中"紧密相连的是价值链的"深化"。过去20年里，"外包"是流行，大部分企业把生产流程中的大部分业务"得意"地交给外面的协作企业承包。隐形冠军企业则恰恰相反，对于自己的核心竞争力部分的业务，一直保持着非常明确的"反外包"的态度。比如，生产超市购物车和机场用手推车的全球最大厂商 Wanzl 公司，一直以来严格执行"按照本公司的质量标准在公司内部生产"的原则。Wanzl 牌产品的价格虽高于竞争对手，外观设计上也没有突出独特之处，但全球机场里的手推车几乎都是 Wanzl 公司的产品，原因就在于该公司的全面品质管理体系保证了其产品性能卓越。

所有隐形冠军企业的共同之处皆在于他们将提供无与伦比的产品作为目标，深化价值链，拥有能生产独特的、极具竞争优势的产品的技术；独特性与优势性只有在企业内部才能创造；而外包却与之相反。

此外，隐形冠军企业把核心竞争力以外的业务部分几乎全外包了，比如税务、法务等，其规模比大企业有过之而无不及。总而言之，除核心竞争力业务绝不外包，除此之外的积极外包。

2. 全球化

通过集中缩小市场，通过全球化扩大市场。

隐形冠军企业把明确细分市场作为战略的一部分。细分市场才能更准确地把握客户需求，更有精力关注技术。市场不在于宽，关键在深，应达到高度的集中化。集中化不就缩小市场了吗？那如何扩大市场规模呢？答案就是全球化。产品和技能的专业性，结合全球市场的营销策略，市场规模一定成倍增加，成长空间是无限的。

隐形冠军企业在全球的主要市场都设立了子公司。他们不通过中介、代理店和商社，而是直接面向客户。例如高压水洗机的全球第一厂商Kaercher公司，从20世纪70年代就开始积极推进全球化，平均每年进入1～2个新市场，逐步在全球提高了品牌的知名度。目前在全世界已经拥有75家子公司。

3. 创新

隐形冠军企业的研发活动的效果是大企业的5倍以上。在世界市场上为了维持这个地位别无他法，只有创新。创新始于研发经费。隐形冠军企业的研发经费是普通企业的2倍。每位员工平均拥有的专利数量，甚至是注重研发的大企业的5倍以上。而每项专利的研发成本仅是大企业的1/5。创新背后的驱动力是什么？是市场？技术？还是两者兼具？65%的隐形冠军企业在市场和技术之间保持了平衡，将两者很好地结合统一起来。相比之下，大企业能达到这点的仅有19%。创新的课题，就是技术与客户需求的整合。

例如，Enercon公司拥有30%以上的全球风力发电管理技术专利。其中有一项发明叫弗莱特纳旋翼，它的功效比过去羽翅型扇片高出10～14倍。大企业为了解决这一难题投入了巨额资金，然而隐形冠军企业只投入少数极为专注的精锐人员，因此每项专利的平均成本远远低于大企业。

第三节

客户导向　价值主导

　　在大企业和中小企业之间，还存在着所谓的"中坚企业"。是否是中坚企业，不单从企业大小、销售额多少等数量来判断，更多指的是企业的"质量"。中坚企业从无数中小企业中脱颖而出，不依赖于大企业，而是凭借某些独有的优势开创了属于自己的市场空间。这些中坚企业丰富了消费者的需求，使市场更加丰富多彩，是大企业的有力竞争对手，是形成市场良性竞争的不可或缺的因素。

　　　　　　　——德国制造业商务考察团总结《隐形冠军企业

　　　　　　　　　　　　　　　　　给中国的启示》

　　国家国民经济的健康度在于中坚企业的数量与质量。常言道"船小好调头"，尤其是在经济动荡和技术更新爆发时期，大企业稍有不慎，就可能触礁，从此沉沦商海，甚至还牵连一批中小企业陪葬。而中坚企业则由于更贴近客户，能及时嗅到市场的变化，快速决策，调整方向，因此能避开大危机并迅速恢复。这也是德国比其他欧盟国家更早从全球经济危机中复苏的原因之一。

1. 以客户为原动力

隐形冠军企业最大的强项不在于技术，而是零距离的客户关系。这也是中小企业的优势。这类企业中，25% ～ 50%的员工定期与客户交往接触。而在大企业，仅5% ～ 10%的员工定期与客户接触。其中最突出的是与老客户间的亲密关系。

"我们的市场是世界顶尖的30个客户。"生产超小型电子部件组装系统的Grohmann Engineering公司的古勒曼先生说。这30个客户是包括英特尔、摩托罗拉、博世在内的全球知名企业。古勒曼说："像这样的客户绝对不会就此满足。客户越是顶级，要求也越严格，这迫使我们不断追求更好。"把顶级客户当作提升企业业绩的原动力，是隐形冠军企业与客户保持的一种典型关系。

2. 以价值为主导

隐形冠军的企业战略不是价格驱动，而是价值驱动。其产品价格一般高于市场平均价格10% ～ 15%。这表明在全球大部分市场，价值、品质还是最关键的主导因素。如果企业不能提供具有差异化的价值，那价格自然就成了中心要素了。

以往，隐形冠军企业最重要的竞争优势就是品质。近年来，又多了三个优势——建议、系统统合、方便使用。这三个优势进一步增强了隐形冠军企业的重要性。原因在于无法轻易地被模仿和逆向工程，从竞争力的角度来看，这和产品的统合优势不同。这些优势存在于如何管理员工的智慧等复杂性管理的组织力中。与10年前相比，行业的准入门槛可能会有所提高了。

3. 提升人才归属感

隐形冠军企业都有高业绩企业文化，隐形冠军企业的工作量都超出了一般情况下所对应的员工人数，所以聘请了能力强的员工，离职率也低。现今，国际竞争力对人才的依赖越来越大，不仅需要招聘有能力的人才并培养和训练他们，还得留住人才。隐形冠军企业的年平均离职率是2.7%，而德国企业平均为7.3%。美国的一般企业，每年有1/3的员工带着他们的经验和技能流失。

弘扬工匠精神　推动产业发展

产业结构转型需要"工匠精神"。目前我国产业创新能力明显不足，2015年全国R＆D经费支出占GDP比重仅为2.1％，与发达国家3%～4%的水平仍有明显差距；企业研发投入强度更低，规模以上工业企业研发投入占销售收入比重约为0.9%，而发达国家企业此比例平均约为2%；企业自建研发机构较少，创新型领军人才、高层次技术人才和高水平经营管理人才严重不足。实现产业迈向中高端，必须以创新发展为引导，逐步摆脱在全球价值链低端分工的不良局面，主动融入全球产业分工协作体系，加快形成经济发展新形态，打造新的产业增长点。

——伍长南《弘扬工匠精神推动产业迈向中高端》

为了促进"工匠精神"，必须要在品质、品牌、标准化建设等方面实现精益求精外①，还应结合制造业迈向中高端发展中面临的宏观环境、竞争态势，坚持问题导向，聚焦突出矛盾和短板，在创新驱动、产业与企业培育、人才队伍建设等方面有序推进。

1. "双元制"培养高质量人才

作为制造业，德国一直专注于制造业人才的培养，其"双元制"职业教育体系能不断为其提供优质的制造业人才。德国机械设备制造协会东南亚地区经理奥利弗·瓦克（Oliver Wacker）认为，"双元制"职业教育是德国制造业成功的关键因素。

在"双元制"教育体系中，学生在学校和企业间轮流学习，在校学习理论知识，在企业进行实操培训②。按照德国政府相关规定，德国企业有义务提供职业教育的培训岗位，这使得职业教育体系下的学生能够进入企业或者工厂，向经验丰富的技师学习第一手的应用型知识。

虽然名为"实习"，但实际上在企业的培训阶段，学生着眼于解决实际问题，"师傅"传授给学徒的都是当下应用在第一线生产的实用知识和技术，这也意味着学生们在学校的理论知识指导下，通过企业的实习和培训，取得职业认证资格后，实际上就成为一名合格的技师。

由于培训的学员很可能会成为企业自己生产线上的员工，德国

---

① 任宇.培育"工匠精神"加快质量强国建设.中国党政干部论坛，2016(5).
② 杜敏.浅析双元制教育在职业教育中的意义.成功教育，2012(9).

企业在配合政府做职业培训方面往往非常细致和认真。例如，经过戴姆勒汽车公司培训、成功取得认证资格的学员在就业市场上非常受欢迎，公司经常还要想办法留住优秀的培训学员，以保证企业长期发展。

值得提及的是，德国的职业教育，尤其是高等职业教育并不等同于低学历和低收入。以应用科学大学为例，学业合格者同样可以获得硕士等高等教育学位。应用科学大学为德国输送了七成左右的工程师，这类大学也被称为德国"工程师的摇篮"。

德国社会中有许多从学徒到大有作为的实例：德国前总理施罗德14岁时做过售货员学徒；"汽车之父"戈特利布·戴姆勒中学毕业后曾在军械厂做学徒；博世公司的创始人罗伯特·博世创业时仅二十出头，做过几年学徒，没有大学学历，而博世本人因深知培养学徒的重要性，于1913年创建了学徒班。

2. 中小企业成"工匠精神"典范

德国"工匠精神"在中小企业的身上体现尤为明显。不同于其他许多国家，德国一贯重视发展中小企业，并将其视作德国经济的支柱。在德国的商业领域，绝大部分企业为中小企业。许多并不知名的德国中小企业，经过长期发展努力，成了国际市场的"隐形冠军"，成为各国企业界研究的对象。

与其他国家相比，德国中小企业具有明显特点：一是多数中小企业皆为家族企业，历史悠久；二是中小企业普遍都有长远的发展战略，且不会因短期的市场波动而改变其战略；三是这些企业通常都着眼于高端"缝隙市场"，具有世界领先的技术。

许多德国中小企业成长轨迹相同。通常，中小企业会从一个细分市场开始"深耕"，不断积累技术优势，最终成为行业龙头企业。

精益求精是德国"工匠精神"的核心内涵。德国中小企业极致发挥这一精神。对这些中小企业而言，抓住行业顶尖技术，打造优质高端的产品，是它们坚定不移的信念。因此，许多人认为，德国的"工匠"们并不相信"物美价廉"。以最好的技术打造最好的产品，这是他们的追求；这些产品价格往往居高不下，处于行业顶端。

瓦克认为，德国制造业的成功是独一无二的，因为它的成功是建立在其他国家没有的职业教育、社会和行业等一整套系统、完整的"生态系统"上的。

第五章
创新创优的思维导图

第一节
创新知识结构

　　全球都朝着知识型的方向进行发展，在知识型经济中包含的内容较多，在这样的大环境下，人们必须具备一定的创新意识，只有在不断的创新中才能发展，在不断的创新中才能够满足社会发展的需求，在社会生产力不断提高的情况下，社会发展和经济的发展都和创新不可分开①。

　　　　　　——张影《创新创业意识、知识结构及心理品质的构建》

随着社会的进步发展，综合性人才的需求也逐渐增强，创新能力成为决定人才能力的重要指标。

1. 创新创业需要以知识创新与有效学习为根基

研究表明，创新、传播和利用知识对经济发展的影响及重要性

<hr>

　　① 张影. 创新创业意识、知识结构及心理品质的构建. 中小企业管理与科技，2016(5).

日益增加，知识被视为经济发展的引擎^①。也正因如此，出现了共识性通用表达概念——"知识经济"；在实践中，政策制定者对于大学的态度发生了巨大变化，特别期待大学对经济发展起到重要作用、作出贡献，越来越倾向于创业型大学以及知识的商业化。

在知识对经济发展作用的研究基础上，后续研究以信息技术迅猛发展为背景，提出在信息社会，经济发展是源自于社会互动的学习过程。学习不仅仅是指获得信息，更是指构建新的胜任力、获得新技能的过程。按此思路，大学与企业在经济发展中的角色和作用值得关注。新近的学习理论甚至指出，由于在大学和企业之间的互动中凸显了"隐性知识"以及"做中学"的重要作用，大学和企业之间构建互助性网络连接体系已经成为学习过程的一部分。基于该理论，研究者进一步研究了知识创造、知识传播、知识应用中组织以及个体的作用，并延展出了"学习型区域"（learning region）这一新的概念。"学习型区域"指的是能够为个体或公共的学习过程创设良好的制度环境的区域。与此同时，由于学习型区域提供了区域性知识体系、共享的规范与价值观，又能进一步促进组织建构、个体学习进程的有效性。

结合高等教育领域与创新创业的关系，可以发现：在知识经济时代，知识的创造与运用，是经济发展的基础与竞争力。在知识的创造与运用中，大学与企业发挥着重要作用，两者相互促进。"学

---

① 中国科学院"国家创新体系"课题组. 建设我国国家创新体系的基本构想. 世界科技研究与发展，1998(3).

习型区域"使大学与企业以及置于其中的个体得以共享知识体系、规范与价值观。对大学的运作与发展而言，创业型大学是大学在知识经济时代必然出现的组织形态；大学与企业的深度合作已成为大学知识创新与知识应用的必要途径。对学生而言，有效的学习，是获得胜任力和新技能的过程，也是社会关系网络的建构过程。"隐性知识"以及"做中学"对于获得胜任力与新技能尤其重要。相应地，创新创业活动不仅为学生积累"隐性知识"、在"做中学"创设了条件，而且也是学生获得"隐性知识"以及"做中学"的重要组成部分。但归根结底，随着知识经济时代的到来以及学习型区域的出现，大学，不仅没有改变其知识性属性，而且进一步彰显了其知识特性；学生，不仅没有背离其学习的特性，而且学习特性更加复杂化，面向的是一个更加开放的学习场所。

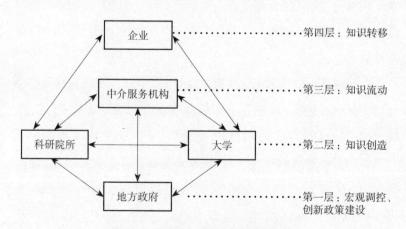

图 5.1.1　学习型区域创新网络动态结构图
来源：关于学习型区域创新网络中知识转移的博弈分析　单莹洁

正所谓"知易行难"，在"学习型区域"中，大学的运行机制应是如何？高等教育又将如何在其中发挥作用？此处，拟发现最佳实践案例，以呈现上述问题的解决方案。

立足实践层。随着全球化现象的出现，"区域"已经超越某一国家自身层面，而形成了国家之间的"区域"。在这一大"区域"的概念框架下，大学对于经济发展的作用日益增加。无论是政策制定，还是学术研究，都开始集中探讨如何加深大学与区域之间的联系。达成的基本共识是：就大学而言，大学必须积极回应地方与区域发展需求，证明自身对社会的作用，以此获得更多的公共支持。就企业与区域发展组织而言，逐渐意识到大学是促进区域经济发展的珍贵资源。经济地理学以及区域研究中，大量案例证明了区域发展与大学紧密相连，形成了大学在建立"学习型区域"中起关键作用；大学能够为"学习型区域"贡献社会资本，并成为社会关系网络的催化剂；大学产出的知识、智力资本可以有效转化为社会资本的基本观点。

在区域与大学双方达成共识的基础上，许多区域发展计划都纷纷将大学纳入其中。欧洲的"区域创新战略"以及"欧洲社会基金"资助的"ADAPT项目"就极具代表性。

"区域创新战略"是"欧洲区域发展基金"的一个组成部分。"区域创新战略"使得DG13（创新理事会，the Innovation directorate）与DG16（区域政策理事会，the Regional Policy directorate）联署行动。该战略实施使"学习型区域"的概念得到了进一步澄清与认知；盘活了各种创新活动要素以及区域发展资源，形成新的发展伙伴关系；大学以及个体研究者对区域发展的社会资本与知识资本起了重要的催化作用。

"ADAPT项目"是一个欧洲资助的"人力资源社区启动计划"（Human Resource Community Initiative），在英国西米德兰兹郡（the West Midlands in the U.K.）实施。该项目在1995至2000年间共投入了3.335亿欧元，旨在帮助那些在中小企业的雇员适应工业界变化，提高人力资源质量。这个项目实施的主要特征在于各方行动主体联合参与，涵盖了政府、企业、学校的方方面面。

2. 创业不是赛场上的凌空扣杀，而是知识结构的日常练兵

任何一个创业者都是某个领域里的优秀者，但如今的中国创业环境逼着创业者不能只在某个领域优秀，只有拥有健全的知识结构，才能使企业具有长远的竞争力。

成功的企业家和创业者身上，都有共同的特质，都拥有相对完整的知识结构。总结来说，创业者的知识结构主要有三层：

第一层：产业知识和产品知识，这是商业竞争的门槛。

投身于一个行业，首先应对这个行业有极其全面的了解，能清晰画出该行业的产业价值链，清楚自己的位置，这一点决定了你未来的势能。然而不是每一个企业家都能清楚明白这一点。那这个位置点如何找？你可以问自己三个问题：

（1）所选定的行业还有得做吗？机会在哪里？19世纪80年代，

铁路在美国开始盛行，正如现今的移动互联网、大数据一样，一时间出现6万多家铁路公司同期运营的鼎盛局面，但后来由于集装箱的发明，海运、航空的发展，甚至高速公路的分流，各种因素导致全行业破产。因为，仅着眼于某一行业表面的繁荣，是缺乏谨慎思考的。

（2）目前行业里的业务结构合理吗？能否再优化？例如中国的钢铁企业，经营惨淡，关键在于产业链上游的铁矿砂。进入如此受限的行业，难以再优化改变，因而需慎重。

（3）目前行业里的商业模式生命力如何？如何再创新？例如花卉行业的王者，依靠的从来不是花种得最好、规模最大，凭借的是物流控制权、品牌话语权，近年来，与移动互联网结合形成鲜花包月配送到家模式，即是对这个商业模式的创新。

第二层：战略和财略，是商业航程的指明灯。

（1）战略构想力日益重要。商业模式是否具有想象力？多数创业者并不是一开始就是战略家，而是一点点甚至是误打误撞地发展起来，之后才被视为承担改变世界的使命。

（2）战略的逻辑推演力。商业模式是否合理，有多少人愿意购买，并持续购买？具备这两种能力，自然会有人看到产品背后的回报而投资。

（3）优秀的创业者要懂得帮助员工理财。即让员工能在你的平台上短期、长期地挣钱。让员工发挥能动性，帮助公司获益的同时也帮自己挣钱，更愿意把钱投入公司。每个员工都有积蓄，可能用于炒股、投资或旅游等，那他是否愿意把钱放在公司？若公司发展良好，公司就是他最好的理财平台。

第三层：人力和人本，有队伍才有机会去拼。

创业者可能会误以为找到一个人力资源总监即可把人力资源问题解决。很多投资人都说有些初创项目不优秀，但他的团队是优秀的，所以有时候投资人关注的不是你的项目，而是你的团队。

（1）人力的知识结构是什么？首先要把故事讲好，让你的团队理解。其次是尊重人。现今，员工很多都是知识型的，越来越多的商业模式会成为"平台＋个人"，员工个人也是在平台上进行创业，因而一个不尊重个人的商业模式绝对不会成立。最后要敢于招优秀员工。早期不要恐惧于寻找太优秀的人，一定要思考优秀人才的源头在哪里？

（2）和人力对应的是人本概念。CEO应具有人文情怀，创业者的价值观极为重要，应对人性有所了解。那么，有什么方式呢？应从"文与闻"、"己与众"出发。"文"即多看多写，创业者每天要有静静思考的时间，并将其记录，一月之后就会产生不小的作用。"闻"是多听多看，但不是到处了解，一定要给自己找准一个目标，然后不断沉淀下来。"己"就是要有跟自己对话的时间。正如《人类简史》中讲到的人类原始部落基本上仅150人。其实延伸来看，一个"部落"的这些人就会帮助你搭建知识结构。

3. 创业者需要的知识与能力结构

咖啡这一行业虽年轻，但随着一二线城市市场的成熟和三线市场的渗透，咖啡领域对创业者的要求也不断提高，虽然仍存在一些"砸一百万就能开家咖啡店"、"雇个明星店长生意就会好"的片面想法，但市场作用下，任何投机取巧都难以长远。

与大部分新型行业一样，创业者应保持一往无前的信念，拥有以下知识和能力：

（1）专业知识。选择进入咖啡行业，基本的专业知识培训必不可少。很多人可能会疑惑：招聘本就懂咖啡的员工，自己何必了解专业知识？

因为了解专业知识，可以通过对行业的理解发现机会，这与创业定位和长期的经营战略相关。例如，若开一家店面不大的独立精品咖啡馆，你会选择准备多少品类？50？20？如果想突显专业，仅20种品类即可，那哪些需要保留、哪些需要研发升级？只有了解专业知识，结合对市场的敏感程度，才能得到答案。

一家朋友的咖啡店手泡咖啡盛行时逆流而上，推出了十几种女生喜爱的风味拿铁，搭配精致点心，在该区域市场环境中独树一帜。在台湾，仍有名店在坚持用摩卡壶、赛风壶出品咖啡，加上工匠精神和慵懒爵士音乐，吸引了相当多的粉丝拥趸。

所以，了解专业知识是突破市场重围的必要条件，但这并不要求每一位创业者必须亲临一线吧台，给客人出品，而是通过专业知识帮助你发现市场机会。

（2）战略和营销能力。做咖啡和开咖啡店是完全不同的两件事。创业者作为领航者，如果每天把大部分精力放在咖啡本身，这是极大的一个误区。

战略是你的航线，营销能力帮助你抵达目的地。市场上的咖啡连锁品牌，有精于做"品牌和咖啡氛围"，也有精于做"平价和杯量"的，有做"平价甜品顺带卖专业咖啡"，还有做"商务空间"的。你的定位和战略在哪里，这才是思考的重点。

现今二三线城市咖啡市场还缺乏紧迫感，但一线城市比比皆是。看似文艺的咖啡行业，一样商场如战场。门店经营除了"被动"的口碑营销，还需要"主动出击"，需要"营销"而不是"等销"。同样的问题可以反思：你很有诚意地做产品、做促销，顾客不上门的原因不是不认可你，而是"根本就不知道"。

（3）人力管理能力。如果说战略是航线，那水手将与你出生入死。近两年互联网行业其实给了很多创业者启发，对于那些最终获得投资的公司，是因为产品独一无二？因为当下盈利能力不错？都不是，投资商都会选择把钱投给团队。

举一个例子，有家挺有名气的咖啡店，前年这家店的咖啡师去参加咖啡师比赛。比赛当天用店里的磨豆机，结果，比赛中磨豆机出错，卡豆子，最终名次很不理想。这位员工垂头丧气回到店里，觉得给老板丢人了准备辞职。老板得到消息来到店里，当着所有员工的面，将这台价值两万块钱的磨豆机扔进垃圾桶。

这霸道的一举，老板损失了两万块钱，但留住了所有人的心。员工发现在老板眼中，他们的地位比店里任何名贵的设备都要重要，团队的凝聚力岂是钱买得到的？！

第二节
扩大知识范围

  企业家的积极情绪通过两条路径影响创业认知，即通过后发式加工影响创业意愿脚本的作用；而通过建构式加工影响创业能力脚本和创业安排脚本的功效，从而导致企业家创业意愿不断增强、创业认知范围不断扩大和创业能力不断提升[①]。

  ——姜凤《企业家积极情绪对创业认知的影响研究》

  对于具有高创业积极情绪的企业家，从多次创业中不断积累创业的知识、能力和社会网络资源，积极建构个人的创业安排脚本和创业能力脚本，走向创业成功。

1. 创业与知识产权保护

2016年语文全国卷Ⅲ高考作文，材料为小羽的创业故事："经

---

① 姜凤.企业家积极情绪对创业认知的影响研究 [D].南京理工大学，2015.

历几年试验，小羽在传统工艺的基础上推陈出新，研发出一种新式花茶并获得专利。可是批量生产不久，大量假冒伪劣产品就充斥市场。小羽意识到，与其眼看着刚兴起的产业这么快就走向衰败，不如带领人们一起先把市场做规范。于是，她将工艺流程公之于众，还牵头拟定了地方标准，由当地政府有关部门发布推行。这些努力逐渐见效，新式花茶产业规模越来越大，小羽则集中精力率领团队不断创新，最终成为众望所归的致富带头人。"根据主人公小羽人物原型薛彤云故事，我们可知，小羽发明该花茶以后，随后的几年里被其他人争相模仿，大量质量伪劣的仿冒产品充斥市场，低价竞争严重损害了小羽的利益，给小羽的创业之路带来了极大的困惑和影响。

　　无独有偶，我国国产手机品牌发展之路也有过相似经历。从1983年世界上第一台手机摩托罗拉DynaTAC 8000X诞生，经过十几年的发展，直到1998年，我国出现了第一代国产手机代表——中科健、康佳、TCL、波导等企业，2003年出现了第二代国产手机代表——夏新、联想等企业。自2006年开始，面对我国巨大的手机潜在市场，我国手机研发公司如雨后春笋般诞生了，手机市场达到了空前激烈的竞争。据统计，2006年有资格的手机厂家增加到了78家，其中以天宇、金利、闻泰、港利通、OPPO、步步高等公司为第三代国产手机代表。

但是此时市场需求悄然发生变化，人们不再需要"1.5m跌落手机无异常"、"间隙小于0.2mm"、"通过加速寿命3年以上的测试"、"EMC、SAR符合标准"、"8～12K伏静电无异常"、"LCD不能进灰尘"等高质量高要求的手机，购买者更倾向于选择外观新颖、价格便宜、大屏幕、大字体、大按键、高音量、多喇叭、有QQ等功能，因此，自2008年开始，中国掀起一股"山寨手机"的风潮，整个产品从立项到试产、再到量产出货，所需要的时间常常不到两周；组装流水线、详细的测试和检测也极其精简，山寨机在成本上占据了压倒性优势，一部彩屏手机只卖200块钱，着实让国内消费者心动。

短短两年时间，不但催生了大批的百万富翁，也捧红了琳琅满目的品牌，比如Motorcla和Nckia品牌。更令人恐怖的是，由山寨手机衍生出的山寨文化风靡全中国，差点都要"邪要压正"了。据统计，截至2014年，中国正规和山寨的手机品牌甚至一度达到540多家，山寨机型多达几十万部；面对"山寨手机"的冲击，给国内正规手机品牌厂商带来了极大的生产压力和困惑。

因此，无论是小羽发明了一种花茶产品，还是国内正规手机厂商研发的新手机产品，企业在创业的道路中，所研发的新产品，都会面临被仿冒或被山寨的可能，给企业的健康发展带来了巨大的困惑。

面对"山寨手机"次品冲击和低价竞争，以及国外品牌高质量、高价格和高利润的夹击，我国智能手机品牌厂商拥有的生存空间和利润空间日益狭窄，国产手机品牌在经历几年跌宕起伏的阵痛和转型，经过市场的洗礼，手机品牌数量从2014年年初的巅峰时期540多家到当年底就已消失了140家，到了2015年国产手机品牌企业剩余数量又少于100家，2016年已经所剩无几，人们现在所熟知的国产手机品牌，屈指可数已经不超过10家。

但是，国产手机品牌数量的锐减，并不代表国产手机品牌已经衰落和被市场淘汰，相反，2016年6月半导体市场调研机构IC Insights发布了2016年IC市场报告，调查数据显示，2016年全球12大出货量排名的手机品牌厂，依次为：三星、苹果、华为、OPPO、小米、ViVo、LG、中兴、联想、TCL、魅族、Micromax。其中，全球第三的华为在中国手机品牌中排名第一，年增长率达到29%；OPPO抢占全球第四的位置，年增长率暴增54%。

报告显示，经过这几年空前激烈的市场自由竞争，2016年中国手机品牌厂商出货量全面爆发，在全球前12强中占据8强，表现十分抢眼。由此看来，数量锐减的中国智能手机品牌，反而已经成为全球智能手机市场的中流砥柱。无论小羽还是国产手机品牌，为了生存，彼此选了不同的道路。

同样都是创业和发展，一个是小羽发明了花茶，公开配方后，规范了花茶行业，带领同行业共同致富；另一个是国产手机品牌，经过十年大爆发和大洗礼，最终生存下来的品牌数量屈指可数。那么，到底哪种模式，才是企业创业可持续生存发展的解决之道？

对以发明人薛彤云申请的专利分析发现，虽然发明人自2000年发明该花茶以来共申请了11件专利，但是均为花茶外观或衍生茶具、装饰品结构等内容，实质涉及该新式花茶核心创新点——即工艺配方，发明人并未进行过一件申请，更谈不上对该工艺配方进行实质性全面保护；因此，由于花茶的外观变化多端，仿冒品非常容易绕过该外观形状或颜色进行规避仿冒，该仿冒品又由于所采用的花茶配方并未与发明人所发明的花茶配方相同，那么没有统一规范的工艺配方制作出来的花茶，品质当然参差不一，再加上低价竞争，对发明人所发明的正品花茶市场带来了冲击。但是，实质仿冒品也并不侵犯发明人的外观或茶具类专利，因此发明人当然很难通过知识产权法律保护的手段来进行维权。

我国手机品牌发展过程中经历的大量"山寨手机"充斥市场，有非常重要的历史偶然性。2007—2009年正处于欧美巨头研发的空档期和新技术的推广期，也正是在这个巨头无暇顾及的时期，山寨功能机才一夜爆红，但后来以iPhone为首的智能军团横扫一切，包括摩托罗拉、黑莓和诺基亚等正规品牌厂商都难以抵挡，"山寨手机"更是昙花一现，因而"山寨手机"的发展模式不具有企业可持续发展模式的参考价值。

反观近几年的国产手机品牌从"中华酷联"发展到"华米欧维"时代，带给行业的反思是，国产手机要在市场中取胜，究竟应该拼价格、拼配置，还是拼技术、拼用户体验，抑或继续实行扩规模、降成本、降价格的薄利多销的模式？

从国产手机品牌龙头企业华为的研发和投入的数据可以窥见端倪：据华为2015年财报，2015年研发投入为596亿元人民币（92亿美元），占销售收入15%，同比2014年增长46.1%；华为从2006年以来，其研发投入累计超过2 400亿元人民币（约370亿美元）。

另外，华为在世界范围内设有16个全球研发中心，研发人员多达7.9万人。如此强大的研发投入在专利申请方面得到了正面的体现，根据世界知识产权组织（WIPO）的数据显示，2015年，华为以3 898件已公布PCT申请连续第二年居于榜首，位居第二的是美国的高通公司2 442件，中兴通讯则以2 155件PCT申请位列第三。华为累计申请了52 550件国内专利和30 613件外国专利，专利申请总量位居全球第一；其他手机品牌的研发投入和专利申请近几年也达到井喷状态。

因此，国内手机品牌通过强大的研发投入，积累了大量的技术、专利、研发，并通过知识产权保护，试图以技术研发上的突破和创新来打破同质化，实现良性的差异化竞争。如华为在海思处理器倾注众多专利技术，成就了手机品牌的领头羊；中兴通讯旗下努比亚运用一个创造性的aRC无边框技术，让手机边缘有了更多发挥想象力的空间；OPPO的VOOC闪充技术和摄像专利成功抓住了中高端市场，年增长率惊人；ViVo的眼球识别技术，通过识别独一无二的眼球静脉图案，来辨别不同生物活体，从而实现高度的安全性与不可复制性。

因此，实际上，无论是华为还是其他国产手机品牌的突围都在证明，注重以用户核心需求为基础的创新、重视用户体验以及强大的知识产权正成为国产手机差异化的核心竞争力。

步入2016年，国产手机品牌沉淀的知识产权红利继续发力，不仅仅作为产品的保驾护航，还为企业产生无形的价值。2016年5月初，国家知识产权局最新公布的许可备案登记信息显示，2015年华为向苹果许可专利769件，苹果向华为许可专利98件。这意味着华为已经开始向苹果收取专利许可费用，主要涉及华为布局的大量4G标准基础专利。同时，华为公司于2016年5月25日在中国深圳中级人民法院和美国加州北区法院同时发起了对三星公司的知识产权诉讼。华为指责三星未经授权在其手机中使用了华为的4G蜂窝通信技术、操作系统和用户界面软件等侵犯其与4G行业标准有关的11项专利，要求三星作出现金赔偿。

该行业三巨头的许可和诉讼，势必给我国企业的知识产权保护工作带来不少启示，华为运用知识产权作为核心竞争力，挑战行业巨头，不仅维护了自己的权益，也促进了企业可持续健康发展；能够对我国更多企业正视知识产权的价值和合理运用，推动我国企业未来规模化走向海外市场，提供积极有益的指导。

在2015年召开的中央财经领导小组第十一次会议上，习总书记作出了"供给侧结构性改革"的指示："在适度扩大总需求的同时，着力加强供给侧结构性改革，着力提高供给体系质量和效率，增强经济持续增长动力。"其中供给侧改革，就是从供给、生产端入手，通过解放生产力，提升竞争力促进经济发展。通俗一点说，就是以前我们国家消费动力不够，因而要刺激需求，现在有了消费动力，但供给的产品却满足不了消费者的需求。

因此，企业创业之初，完全可以借鉴我国手机品牌发展的模式作为企业创业与知识产权保护的模式：即不断对产品进行改革、创新，为老百姓提供质量更好、符合所需的产品，满足消费者与时俱进的需求，同时不断加强知识产权保护，形成企业自身的核心竞争力，为企业的可持续发展提供保障。

2. 互联网知识产权助力创新创业

要完善知识产权政策体系降低创新创业门槛；强化知识产权激励政策释放创新创业活力；推进知识产权运营工作引导创新创业方向；完善知识产权服务体系、支撑创新创业活动，加强知识产权培训条件、建设提升创新创业能力；强化知识产权执法，维权保护创新创业成果；推进知识产权文化建设，营造创新创业氛围等。

2015年10月，国家知识产权局、财政部、人力资源社会保障部、中华全国总工会、共青团中央联合制定印发了《关于进一步加强知识产权运用和保护助力创新创业的意见》。在拓宽知识产权价值实现渠道中，意见提出，支持互联网知识产权金融发展，鼓励金融机构为创新创业者提供知识产权资产证券化、专利保险等新型金融产品和服务。完善知识产权估值、质押、流转体系，推进知识产权质押融资服务实现普遍化、常态化和规模化，引导银行与投资机构开展投贷联动，积极探索专利许可收益权质押融资等新模式，积极协助符合条件的创新创业者办理知识产权质押贷款。支持符合条件的省份设立重点产业知识产权运营基金，扶持重点领域知识产权联盟建设，通过加强知识产权协同运用助推创业成功。

知识产权是连接创新与市场之间的桥梁和纽带。知识产权制度是保障创新创业成功的重要制度，是激发创新创业热情、保护创新创业成果的有效支撑。

综合运用知识产权政策手段。引导广大创新创业者创造和运用知识产权，健全面向高校院所科技创新人才、海外留学回国人员等高端人才和高素质技术工人创新创业的知识产权扶持政策，对优秀创业项目的知识产权申请、转化运用给予资金和项目支持。进一步细化降低中小微企业知识产权申请和维持费用的措施。充分发挥和落实各项财税扶持政策作用，支持在校大学生和高校毕业生、退役军人、登记失业人员、残疾人等重点群体运用专利创新创业。在各地专利代办处设立专门服务窗口，为创新创业者提供便捷、专业的专利事务和政策咨询服务。

拓宽知识产权价值实现渠道。深化事业单位科技成果使用、处置和收益管理改革试点，调动单位和人员运用知识产权的积极性。支持互联网知识产权金融发展，鼓励金融机构为创新创业者提供知识产权资产证券化、专利保险等新型金融产品和服务。完善知识产权估值、质押、流转体系，推进知识产权质押融资服务实现普遍化、常态化和规模化，引导银行与投资机构开展投贷联动，积极探索专利许可收益权质押融资等新模式，积极协助符合条件的创新创业者办理知识产权质押贷款。支持符合条件的省份设立重点产业知识产权运营基金，扶持重点领域知识产权联盟建设，通过加强知识产权协同运用助推创业成功。

鼓励利用发明创造在职和离岗创业。完善职务发明与非职务发明法律制度，合理界定单位与职务发明人的权利义务，切实保障发明人合法权益，使创新人才分享成果收益。支持企业、高校、科研院所、研发中心等专业技术人员和技术工人进行非职务发明创造，提供相应的公益培训和咨询服务，充分发挥企事业单位教育培训费用的作用，加强对一线职工进行创新创造开发教育培训和开阔眼界提高技能的培训，鼓励职工积极参与创新活动，鼓励企事业单位设立职工小发明小创造专项扶持资金，健全困难群体创业知识产权服务帮扶机制。

提供优质知识产权公共服务。建立健全具有针对性的知识产权公共服务机制，推动引进海外优秀人才。加大对青年为主体的创业群体知识产权扶持，建立健全创业知识产权辅导制度，促进高质量创业。积极打造专利创业孵化链，鼓励和支持青年以创业带动就业。组织开展创业知识产权培训进高校活动，支持高校开发开设创新创业知识产权实务技能课程。从优秀知识产权研究人员、专利审查实务专家、资深知识产权代理人、知名企业知识产权经理人中选拔一批创业知识产权导师，积极指导青年创业训练和实践。

推广运用专利分析工作成果。实施一批宏观专利导航项目，发布产业规划类专利导航项目成果，更大范围地优化各类创业活动中的资源配置。实施一批微观专利导航项目，引导有条件的创业活动向高端产业发展。建立实用专利技术筛选机制，为创新创业者提供技术支撑。推动建立产业知识产权联盟，完善企业主导、创新创业者积极参与的专利协同运用体系，构建具有产业特色的低成本、便利化、全要素、开放式的知识产权创新创业基地。

完善知识产权运营服务体系。充分运用社区网络、大数据、云计算，加快推进全国知识产权运营公共服务平台建设，构建新型开放创新创业平台，促进更多创业者加入和集聚。积极构建知识产权运营服务体系，通过公益性与市场化相结合的方式，为创新创业者提供高端专业的知识产权运营服务。探索通过发放创新券的方式，支持创业企业向知识产权运营机构购买专利运营服务。

提升知识产权信息获取效率。进一步提高知识产权公共服务水平，在众创空间等新型创业服务平台建立知识产权联络员制度，开展知识产权专家服务试点，实施精细化服务，做到基础服务全覆盖。加强创新创业专利信息服务，鼓励开展高水平创业活动。完善专利基础数据服务实验系统，扩大专利基础数据开放范围，开展专利信息推送服务。

第三节

创新领导力

　　创新者的五种能力中,"质疑"、"观察"、"试验"和"建立人脉"是行动能力,他们通过这些行动产生各种想法,然后通过"联想"把这些新想法汇聚在一起,从而促成了创新。这就是创新者的"DNA"[①]。

　　　　　　　　　　　—— Jeffrey H.等《创新者的DNA有何不同》

　　"如何为公司发现创新人才? 自己又如何更具创新能力?"这两个问题让企业高管绞尽脑汁却仍未有清晰的答案。作为企业的管理者,自己有没有创新能力并不重要,只要他们制定好创新战略,营造好创新环境,那些创新人才自然会纷至沓来,正所谓"良禽择木而栖"。遗憾的是,事实并非如此。调查结果表明,那些最有创新能力(占调查总数不超过15%)的企业,企业的最高管理者并不是纸

---

　　① Jeffrey H.Dyer, Hal B.Gregersen, Clayton M.Christensen. 创新者的DNA有何不同. 工程经济, 2010(3).

上谈兵式地制定创新战略和营造创新环境，然后让下属去执行。企业的高层管理者往往会亲自上阵，他们本身就是非常有创新能力的人，只有那些有创新能力的管理者才能吸引那些创新型人才。

1. 领导力引领创新

依照短裙理论，经济景气时，创新盛行，经济不景气时，就像过季的衣服被丢回衣柜里。但随着全球化浪潮消除了地理和市场的门槛，公司能够更好地发挥业务潜力，此时，公司的创新能力，也就是采纳员工、合作伙伴、顾客、供应商和来自社会各处的那些新颖的想法来创造价值的能力，已经变成一种潮流。简而言之，创新能力已经成为增长、绩效和价值创造的核心动力。

在最近的调查中：70%以上的高级管理层认为创新是公司未来三至五年的三个增长动力之一，创新是企业在当前国际竞争环境中更快适应环境变化的最有效方式。领先的战略家不再着眼于传统产品和服务上，而是更多关注业务流程、渠道、价值链、商业模式甚至管理职能中的创新。

虽然管理者们认同创新是增长的驱动力，但他们却很少能完全引领和管理创新。三分之一的管理者是基于临时的必要情况来管理创新，另外三分之二把创新管理作为高层管理团队的一个日程。如果创新不是作为公司核心运作的一个部分被写入领导战略管理议程且得到实际实施，创新又如何成为一个重点呢？

据19%的管理者称，公司的战略规划主要集中于财务预测和估算，发展和创新都不是战略规划的一部分。只有不到一半的管理者称创新非正式地整合入公司的运营流程，仅有27%的管理者认为创新完全整合入公司的运作。但是这些管理者仍然对他们自己的创新决策更有信心，并称他们实施了保护和让创新发挥作用的方法。

在一个600位企业家、经理和专家参与的独立调查中，受访者指出，领导力是创新力表现的最好预测指标。在与同行业内的其他企业相比时，对于更具创新能力的企业，受访者把企业领导力评级定为"强"或"非常强"。相反的，认为企业创新能力低于平均水平的受访者对企业领导力评级显著下降，甚至是"极差的"。

与其他任何由上至下的措施一样，领导的行为对员工有很大影响。创新从本质上和变革紧密相连，需要从实现短期业绩目标的工作中抽出精力和资源。与其他目的的措施相比，创新工作可能需要管理层鼓励员工，赢得他们的信任和认同。这份面向600位经理和专业人员的调查样本显示，鼓励创新行为的前两大促进因素是鼓励和保护创新的强有力的领导，以及愿意花时间积极管理和推动创新的高管。事实上，高管认为，对创新工作敷衍了事，只说不做是最常见的创新阻碍。排在第二位的原因是，高管不能以身作则，例如，不敢冒险，不乐于接受新创意。仅鼓励短期业绩，始终害怕失败也是受访者列举的最大的创新障碍之一。

2. 企业家就是创新者

正如德鲁克所言，企业家就是一群善于创新的人，创业精神本质上等同于创新精神。因为，无论你是企业的创始人，还是想要开拓新局面的职业经理人，都必须具备创新精神。那么，创新精神是天生的还是可以后天培养的呢？创新者应该具备哪些素质？

来自哈佛商学院、欧洲工商管理学院（INSEAD）和杨百翰大学的三位教授——克莱顿·克里斯滕森（Clayton M. Christensen）、杰弗里·戴尔（Jeffrey H. Dyer）和哈尔·格雷格森（Hal B. Gregersen）——为了寻找这些问题的答案，展开了一项长达6年的研究，访问了超过3 000名高管人员、曾创办过创新型公司或发明过新产品的500名企业家，重点研究了25名创新型创业家的习惯，从而得出了一些让人惊讶的结论。

这些结论基本上颠覆了对创新者的固有看法。正如前文所言，那些最有创新能力（top 15%）的企业，企业的最高管理者往往本人就极具创新能力。这些创新能力并非天生，可以通过意识的训练强化自己的创新能力。管理者不必是一个创新全才，他们只需要在某方面出色即可，其余可交由他人完成。

一个创新型的管理者应具备哪些技能呢？三位作者发现，最具创造力的管理者具有五大"探索技能"：联想（associating）、质疑（questioning）、观察（observing）、试验（experimenting）和建立人脉（networking）。相较于其他普通管理者，创新型管理者用于这五项"探索活动"的时间要多出50%。这些探索技能综合起来，就构成了"创新者的DNA"，"创新者的DNA"揭示出了创新者的全部奥秘。

创新者的五种能力中,"质疑"、"观察"、"试验"和"建立人脉"是行动能力,他们通过这些行动产生各种想法,然后通过"联想"把这些新想法汇聚在一起,从而促成了创新。这就是创新者的"DNA"。

3. 创新者的五大"DNA"

第一是"联想能力"。联想能力就是把一些看似无关的疑问、问题或来自不同领域的想法成功关联起来的能力,是创新者DNA的核心所在。弗朗斯·约翰松将这种现象称为"美第奇效应",指的是文艺复兴时期,意大利的美第奇家族曾将不同学科的人聚集在一起,如雕塑家、哲学家、科学家、诗人、画家以及建筑师等,结果新创意就在这些人各自领域的交叉点上大量涌现出来[①]。苹果公司创始人史蒂夫·乔布斯就是一个非常具备"联想能力"的人,iPod、iPhone和iPad都是跨界联想的产物。乔布斯经常说:"创造力就是把事情联系起来。"

第二是"质疑能力"。质疑能力也是提出正确问题的能力,一个正确的问题往往会激发出不同的答案,正如彼得·德鲁克所言,"重要且艰巨的工作,从来就不是寻找正确的答案,而是提出正确的问题。"Ebay的前任CEO梅格·惠特曼曾直接与多位创新型企业家共事,其中包括Ebay、PayPal和Skype的创始人,她说:"他们喜欢打

---

① 魏欣. 跨界学习:复制美第奇效应. 中国人力资源开发,2013(6).

破现状，不能忍受一成不变。因此，他们会花大量时间思考如何改变世界。在进行头脑风暴时，他们经常会问："如果我们这么干，会发生什么呢？'"这种质疑能力往往会为解决问题打开一个新的窗口，让他们去发现另外一种可能性，这种可能性往往是和创新联系在一起的。

第三是"观察能力"。创新者善于用不同技巧，从不同的角度去观察这个世界。他们会像人类学家和社会科学家一样去观察他人和社会，通过对常见现象特别是潜在客户的行为详加审视，能够提出不同寻常的商业创意。印度企业家拉坦·塔塔曾经观察过一家四口挤在一辆摩托车上的窘境，并由此产生了"生产全世界最便宜的汽车"的灵感。经过多年的产品研发，塔塔集团终于在2009年通过模块化生产的方式生产出了售价仅仅2 500美元的微型汽车Nano，这款车型彻底颠覆了印度的汽车销售体系。

第四是"探索能力"。同科学家一样，创新型企业家也通过制造样品和进行小规模试验，来积极尝试新的想法。正如爱迪生所说，"我并没有失败，我只是发现了10 000种行不通的方式。"对于创新型企业家来说，这个世界就是他们的实验室。亚马孙的创始人贝索斯认为试验对创新至关重要，他甚至在亚马孙把试验作为一项制度规定下来。"我鼓励我们的员工去钻牛角尖，并且进行试验，"贝索斯说，"如果我们能使流程分散化，就可以进行大量的低成本试验，我们将会得到更多的创新。"

最后是"建立人脉的能力"。普通高管搭建人脉只是为了获取资源、推销自我或是所在公司，而创新型企业家则是为了拓展自己的知识领域，他们有意识地结交类型各异的人士。RIM公司创始人迈克尔·拉扎里迪斯提到，黑莓手机最早的灵感就是来自1987年他参加过的一次会议。当时一位发言者描述为了给可口可乐设计无线数据系统，可以使自动售货机在需要补货时发出信号。拉扎里迪斯回忆说："就在那时，我突发奇想，我记得高中老师说过，'不要过于痴迷于计算机，因为能够把无线技术和计算机整合起来的人，才会改变历史。'"

　　当然，创新者不需要具备全部这五种技能，他们只需要具备两项以上技能就可以了。创新思维对某些人来说是与生俱来的，但也可以在实践中发展和强化，创新者必须坚持不懈地与别人想得不一样，做得不一样。通过理解、强化和模拟"创新者的DNA"，企业能够找到更为有效的方法，激发所有人的创造力火花，从而提升企业的创新能力。

第六章
创新创优环境

第一节

投资环境提升

　　投资是区域经济增长中最具推动力的要素之一。投资
环境的优劣是投资者进行投资决策的决定性因素[①]。

——张小青《基于组合评价法的中国区域投资环境评价研究》

区域投资环境的评价和比较不仅能够帮助投资者进行正确的投
资决策，而且有助于使致力于引进外资的地区，主动改善投资环境，
促进经济增长。

1. 细数投资蓉漂们"返乡创业"的心路历程

近年来，越来越多的投资机构入驻四川。在成都投资界，"返乡
创业"的特点尤为明显，不少投资者来自北上广甚至海外。这些投
资者给成都本土创业注入了活力，也带去了资金与资源。

---

① 张小青.基于组合评价法的中国区域投资环境评价研究 [D].华中农业大学,
2011.

　　天使圈刘唯劼：刘唯劼是天使圈创业者学院的CEO。于1981年出生，虽不是四川人，但与四川渊源颇深：姥爷是四川人，父亲也曾在成都念书。"高考填志愿时，我特别想读电子工程方面的专业，家人就推荐我来成都读电子科大。"

　　本科毕业后，刘唯劼去了深圳工作。2008年前往美国念MBA，毕业后便留在美国硅谷，主要从事金融投资领域的工作。然而，在美国待了五年多后，他还是选择了回国发展，并在深圳联合创立了投资孵化机构天使圈。他说，硅谷的创业氛围和投资体量都比国内要好，但是相应的创新压力也很大。"全世界都指着硅谷的创意，在那里，没有出彩的创新就没办法生存。而在国内，你可以将硅谷的创意落地。"

　　虽然这个想法由来已久，但是真正促使刘唯劼回国创业的还是因为和老板的一次谈话。刘唯劼说，十多年前，老板有个朋友也曾在硅谷工作，但是这位朋友最终选择了回国创业，如今在华人富豪榜已经可以排入前十。"我的老板现在也做到了快要上市的水平，但是跟他的朋友相比，还是差了一个级别。"所以刘唯劼认为，中国的创业者在国内发展的上限，是比在国外高的。刘唯劼说，天使圈的第一个分部设在成都而不是北上广，也正是这个原因。

　　近两年来，一线城市越来越多的创投机构入驻成都。刘唯劼认为，这些机构的入驻，不仅可以为这里的创业团队带来急需的资金，还能让创业者熟悉沿海先进的创业模式，提升创业成功率。"这里的人有强烈的创业意愿，也有政府的大力扶持。不过，他们本身的技能和意识仍有不足。"

　　天使圈在成都落地还不到半年，刘唯劼对这里的创业者提出了要求："眼界需要放开些，成都的创业者一开始就把市场定位在成都甚至郫县，这样是不利于后期的发展的。"不过他说，这里的创业者也有优势，那就是做事脚踏实地，每一步的市场动作都有比较详细的计划。

　　达晨创投窦勇：2010年，达晨创投投资了来自四川的迅游科技。两年后，达晨在四川成立分公司。现今，迅游科技的IPO已经获批，当初的投资即将迎来丰收，但是达晨与四川的"情缘"还在继续：达晨创投四川地区首席代表窦勇是一个四川女婿，曾因爱情，辞去上海的工作，来成都发展。谈到成都，他表示一点也不后悔当初的决定。

　　2007年，窦勇毕业以后便到上海一家外企工作，工作第一年还被派往韩国培训学习。2010年，窦勇成为该企业中层管理人

员，但最终申请调往成都，这完全是因为他的妻子。"她是四川人，我当时和她已经到了谈婚论嫁的地步了，但她并不想来上海。"虽然在此之前，窦勇也来过成都，不过成都并没有给他留下特别深的印象，"如果不是因为她，我是没有来成都工作的打算的。"

　　来到成都一年后，窦勇辞掉工作，选择加盟一家创投公司，主管四川方面的业务。"我已经看到了这家公司潜力的天花板，而且

我对投资领域比较看好。"窦勇认为成都不光生活压力小，也非常适合创业。"成都的创业团队成井喷的势态。可以说，现在成都的创业环境，一点都不比上海差。"

谈及成都创业环境的进步，窦勇归结于创业成本低以及人才富足："成都的高校众多，近两年海归也回流入川，人才储备充足。此外，成都的物价和人力成本相对较低。"此外，政府的政策支持也对创业起到了积极的影响。

作为一家创投机构的首席代表，窦勇说，在成都创业还是应该侧重于互联网等新兴行业。

因政策归根Home support的洪泰基金创始人吴恒：洪泰成都基金创始人吴恒是成都本地人，曾在上海投资圈工作近十年，之所以选择回成都创业，不仅因为是故乡，关键还在于成都的创业氛围好，且当地创业者投资需求大，发展前景十分广阔。

2001年，吴恒前往英国曼彻斯特大学攻读管理学专业本科和硕士。毕业后，他回上海工作，从事投资金融。在将近十年的工作中，吴恒见证了成都投资环境的变化。"干我们这行，到处飞是常事。我因为是本地人嘛，除了工作，节假日也会回来玩儿，所以我对成都的投资环境还是很熟悉的。"

在2014年之前，吴恒对成都的创业氛围和投资环境并没有特别深的印象。资本相较一线城市还不是很活跃，而且早期投资较少，后期大投资多一些。但成都发展前景不错。首先高校多，人才不缺；其次，这是一个资本的洼地，需求很大。现在投资机构不算多，日后一线城市的投资机构涌入四川是必然的。

近两年，成都掀起了新一轮创业热潮。同时，成都市政府对于创业的支持也促使他下定决心回乡。目前，洪泰成都基金已经投资了3个团队，吴恒认为，成都的创业团队特点在于务实，能够专心做好产品。"有人说成都相比北上广有些懒散。但是周末走进软件园你就会发现加班的人非常多。我一直坚信，努力的人会更加靠近成功。"

2. 创业工坊塑造大连创投环境新格局

创业工坊自运作至今，在各级政府的大力支持下，始终坚持为草根创业者服务，逐步积累社会多方资源，形成了大连创业领域形态、精神兼备的综合创业服务组织。同时，逐步完善了自身组织架构，从而提升创业服务能力，建立了创业工坊自有创投俱乐部，将创业与投融资紧密结合，做到创业生态链中的无缝式对接，重塑大连创投环境新格局。

经过不断探索与实践，2014年创业工坊升级为国家级科技企业孵化器。至此，创业工坊为大连市创业环境树立了新格局，也为其自身未来发展布局打下坚实的基础。不同于其他孵化器提供孵化场地等硬件设施，创业工坊在此基础之上，更关注孵化"创业文化"和"创业氛围"等"创业生态系统"的打造，类似于硅谷和中关村，使"创业实现自我生长"。此外，创业工坊计划将独有的综合创投孵化服务及文化运营管理模式复制到东北其他城市，并逐渐向北京、上海、深圳等创投资源丰富的城市扩展。大连开发区金融中心场地以及沈阳、长春、哈尔滨、新疆、西安等地的创业孵化器建设均在接洽之中。

2012—2014年，这三年创业工坊做实事、创品牌、立东北区创投服务行业标准。处在就业环境连年萎靡，国家大力倡导自主创业的大环境下，创业工坊积极关注每一轮产业结构调整方向的信息，力争带动地区创业活跃度，走在创业时代前沿。随着高新技术、新能源、文化和信息技术产业越来越强烈的刚需诉求，创业工坊也在不断优化自己的创投产业链条，参照大连地区特有的经济形态，将O2O（线上到线下）、互联网、TMT（科技媒体通信）、新能源新材料、智能硬件列为未来几年的重点投资方向。在接洽项目过程中，优先选择上述五类领域项目，安排专业创业导师与投资人，对项目进行研发及市场指导，从而提升其融资竞争力，获得期望市场价值。

目前，创业工坊通过其王牌活动创业ABC、创业高校、创业苗圃等不同渠道收纳社会优秀项目资源，不仅是大连地区，北京、上海、深圳、西安、沈阳等地的创业者也不同时期地向创业工坊投递来项目计划书。截至2014年年底，创业工坊已接待来访创业者1 300余人，创业项目602个，收到创业项目计划书425份，举办不同规格创投活动百余场，投资孵化企业21家，帮助创业公司融资过亿元。

集中各方优势资源，专注创投资本对接。未来，创业工坊将继续从科技创业者和初创企业的多维服务需求出发，打造可内生发展、自组织的创业生态社区。

3. 欧洲硅谷爱尔兰：创业投资环境全球排名第七位

《福布斯》杂志曾将爱尔兰评为欧洲最适宜经商投资的国家之一；Oracle Capital Group（甲骨文资本集团）公布"2014年全球最适宜创业的国家"排行榜，爱尔兰是排名全球第七、欧洲排名第一适宜创业的国家！很多人开始选择移民爱尔兰，并在这号称"欧洲硅谷"的国家创业投资。那么，是什么在推动爱尔兰创业投资的热潮？

（1）爱尔兰政府实施低税率政策，且这项政策保持长期一致性和确定性。爱尔兰的企业所得税税率长期保持在12.5%，而在美国，这一税率要超过30%；此外，爱尔兰政府实行"双层爱尔兰"的税制，即允许跨国公司将其主要市场的利润经由爱尔兰转到税率很低的国家。

这项税务政策吸引着全球各地的公司前来避税，而美国和欧盟对此强烈反对。爱尔兰政府2015年年底宣布会废除这项税制，但不会即刻执行，已采用"双层爱尔兰"税制的国家可等到2020年之后再执行新规。

在经济不景气或国际舆论对爱尔兰税率政策颇有微词时，爱尔兰政府仍然实施有利于企业的政策，这种长期而稳定性的政策，大幅度增加投资人的信心，投资人对进入这个市场后的未来是确定的，无需担心意外情况发生。

（2）专门成立一个"局"，支持全民创业。爱尔兰政府认为，大批初创公司的崛起能增加就业机遇，带动出口，促进整体经济发展。因而政府成立爱尔兰企业局，扶持高潜力增长的公司。目前，这支有着超700人次的团队已在三十多国设立分支机构。爱尔兰企业局在高校召开青年创业大赛，管理着一笔基金专门投资海内外优秀的初创公司。同时，还增加了投资A轮和B轮的基金，助推爱尔兰企业实现规模化。

（3）教育和跨国公司催生高素质人才。爱尔兰政府早在20世纪六七十年代就开始实施免费的义务制教育；到了90年代，爱尔兰劳动力素质大幅度提升。微软、谷歌、Facebook、Twitter、PayPal等科技巨头都将其总部设在柏林，这在一定程度上有利于高端技能人才的培养。在爱尔兰，30岁以下的人口占总人口的一半。爱尔兰创业者普遍年轻化，他们灵活、开放、包容且具备全球化视野，因为他们明白，本土市场小，如不进军全球市场，就会变得无足轻重。

当然，上述三点是爱尔兰创新创业崛起的关键，但其他一系列因素也不可忽视，例如爱尔兰是欧洲唯一一个英语是母语的国家，美国企业借爱尔兰拓展欧洲市场，同时，蓬勃兴起的加速器、孵化器、研发中心等都是爱尔兰创业生态体系发展的源泉。

爱尔兰投资发展局首席执行官马丁·沙纳汉表示，中国作为世界第二大经济体，经济仍然保持高速的发展。爱尔兰拥有良好的投资环境，盼望能与中国企业达成真诚的合作关系，互利互惠。这对通过自主创业获得爱尔兰身份的移民者，提供了绝佳机会。

第二节
企业环境优化

世界范围的环境问题正引起人们对工业生产行为的关注，我国高能耗、高排放经济增长方式下的资源与环境压力也正逐步形成企业发展的外部制约，而公众消费理念的转变也为企业提供了新的机遇[①]。

——莎娜《企业环境战略决策及其绩效评价研究》

企业环境战略的收益取决于实施环境战略的附加成本与消费者环境偏好的兼容性。只要合理控制成本，就能在市场竞争中获得第一优势。

1. 关注创业者 优化创业环境

推进大众创业、万众创新，是发展的动力源，是富民之道、强

[①] 莎娜.企业环境战略决策及其绩效评价研究 [D].中国海洋大学，2012.

国之策，对于推动经济结构调整、增强发展新动力、打造发展新引擎、走创新驱动发展道路，具有重要意义①。在大众创业、万众创新蓬勃发展中，草根创业者、小微企业和各类创业组织者日益成为中坚力量，并将为经济、社会发展不断带来新机遇。

目前，创新事业蓬勃发展，创业群体呈爆发式的增长，与此同时，创业者面临的环境也日益变化，新的发展态势、新的发展体系和新的服务模式正在形成。

技术创新的发展为创业带来诸多机会。科技部火炬高新技术产业开发中心副主任杨跃承认为，大数据、物联网等新技术将导致互联网金融、电子商务、电子支付等新格局不断涌现，创业门槛也降低，实现创业群体从小众转变为大众。LiveU首席运营官、共同创始人Avi Cohen认为，科技的发展使得市场竞争已经发生变化，加速了传统产业的转型。在媒体行业，传统媒体日益被流媒体所取代，需要改变观念，运用新技术、新产品创新和传播内容。

创业的快速发展促进了创新型"新坐标"体系的形成。创业的兴起，将创新推向更广泛、更高层次、更深层次的发展。新的创业背景，逐步形成新的动力机制、新的创新方式、新的产业组织模式、新的融资方式、新的消费方式、新的生产方式和新的资源配置方式等共同构成的创新"新坐标"体系。市场化的机制、专业化的服务、标准化的途径、网络化的支撑、集成化的应用、国际化的连接，着

---

① 中国科协网. 关于大力推进大众创业万众创新若干政策措施的意见. 四川劳动保障，2015(8).

力发展各类、各层次创新创业企业，培育新业态，发展新经济，推动"大众创业、万众创新"。

各种创业平台是加快创新发展的重要支撑。作为促进创新创业的重要力量，张江孵化器经过多年的探索和实践形成了一系列新特点：一是国际化，在引进国际知名机构的同时，鼓励企业寻求海外合作，实现国内外企业资源的综合整合；二是专业化，鼓励推进专业孵化器的形成，着重于优势产业，聚焦信息技术、集成电路、生物医药等方面；三是互助化，鼓励建立联合孵化器，建立资源共享、要素流动的创新创业环境。要打造紧密联系创业者的创业服务平台，有力推动企业间联系的建立，为企业提供一体化的解决方案，利用引导基金、种子基金等手段支持创业企业的发展，推动建立和完善服务平台。

此外，创业教育对促进创新、创业至关重要，是创业服务的重要组成部分。创业创新是国际学科的主流，也是中国主流需求之一。创业教育应与传统教育区分开，建立一个以创业教育机构为核心，终身且全方位地服务学生的"创业共同体"，为学生的创业生涯提供长期支持，帮助提高创业成功率。

创业是实现个人价值和创造社会财富的重要手段，这个过程很难却也很快乐。

社会需求与明确创业方向密切相关。成功的创业者或创业团队必须是市场需求的发现者或创造者。埃提斯生物制药有限公司代表熊磊表示，其项目旨在精密医疗和精准预防，提供定制的医疗解决方案，满足个人需求；Avi Cohen 介绍，最初创新性地使用3G技术提供现场直播，跳过转播车这一中间环节，创造了规模巨大的市场需求；上海多维度网络科技有限公司代表连建平表示，其APP应用是为用户抢购商品提供解决方案，满足城市白领追求高性价比商品的心理需求；上海骄英能源科技有限公司代表彭志刚介绍，其公司旨在研发规模化的海水淡化的生产技术，解决大量新型城镇居民的饮水需求；上海爱启环境技术工程有限公司代表朱卫东介绍，其公司关注空气质量问题，专注于看得见、摸得着、人们可以负担得起的空气净化装置。

不畏创业艰辛，持之以恒追求。创业者追求自己事业的过程往往不是一帆风顺，创业路上不仅是长期高强度的工作，而且充满了各种各样的困难。熊磊提到，他创业第一年曾经被30多家知名的投资机构拒绝，虽然创业过程很困难，但追求事业和梦想的过程也是幸福的。连建平也表示，团队的创业过程每天工作超过12个小时，很艰辛，但获得今天的成功倍感欣慰。创业开始之后，工作情况非常艰苦，住宿条件也相当恶劣，但相信只要脚踏实地就能最终成功。

要真正创新，不要假冒创新。创新不是追随者，而是要做先驱者。要在方向明确的情况下，寻找正确的方式，做与别人完全不同的业务。创业不仅是新技术或新产品的开发，更在于创业者要找到差异化的定位，尤其在互联网行业，很多创新并没有颠覆传统行业，而是创造了新的需求。创业不必以成果来评判，只要创业者脚踏实地，有创业激情，有创业精神，即使失败也应受到鼓励。

加快新型投融资模式探索。创新是旗帜,创业是基准,创新型企业家是这个时代的英雄。在新时代的背景下,鼓励创新和创业需要探索新模式,需要探索新的投融资模式来加快创新创业发展的需求。

从科技金融到科创金融。资源是创新创业之本,在有明确创业目标的前提下,资金是最重要的资源之一,是创业型企业发展壮大的最主要因素。科技金融的核心问题是融资,企业征信的前提是融资,政府的推荐、补贴都有利于为企业征信,从而帮助企业拿到更多的财务支持。银行资金更倾向于大型的科技公司或有成熟技术的公司,而真正需要资金的是初创型科技企业。科技金融应主要服务于初创期和成长型企业,变科技金融为科创金融,将服务重点放在创业前端,充分鼓励创新创业。

构建天使投资合伙模式。创业型企业能够成功,除了足够的资金支持外,还需要有正确的创业模式引导和多种资源作为支撑。天使投资给创业者带来的不仅是资金,还有资源和模式,所以投资者应该真正结合起来,通过建立合伙模式,给创业者带来资源、资金、经验和广大的人脉关系,为创业企业提供更强的爆发力,同时也降低投资者的风险。

探索产业化的创新创业模式。要探索更系统化的模式进行创新创业,向产业化模式转化。首先,构建研究院、资金、咨询的合伙式组合模式,建立全球化的产业研究院,以研究院为主体,与基金深度结合,以咨询支持企业的顶层设计来孵化和扶持企业,使技术创新更具持久性；其次，实施"牧场式"而非"打猎式"的运营模式，通过将项目、基金和咨询深度结合，以专业的角度，由创业者和研究人员共同解决技术风险问题；第三，要打造创新型企业的"生产线"，从研究院产生项目，到建立业务单元、企业落地直到产业化，每一环节都有相应的基金和咨询服务相对应；第四，要构建"闭环"式、灵活的资本退出机制，从研究院到孵化基金，然后到加速基金，再到产业基金分四步逐步分解风险，以确保投资收益。

2. 优化创业环境　助力大学生村官领跑农村电商

近年来，为充分发挥大学生村官观念更新快、学习能力强、干事创业热情高的优势，培育新型农村致富带头人，江西瑞金瞄准电子商务，着力坚持以问题为导向优化创业环境，助力大学生村官开展电商创业，把大学生村官"扶上马"、"送一程"，引领村民致富。

建立硬件平台"筑好巢"，解决"不利创业"问题。城市大力改善大学生电商发展基础设施建设，为大学生村官铺好创业路。建设电商孵化基地，增加知名的第三方电商服务平台的招商力度，建设集办公仓储为一体的电商孵化园及村级点、县级运营中心。在有条件的乡镇开辟种养基地，集约土地，搭建钢棚，大学生村官只需缴纳土地租金和钢棚使用租金，极大方便了在种养方面有创业意向的大学生村官。鼓励引导大学生村官依托本土农特产品资源、"万村千乡"农家店及农村专业合作社等优势，积极推进电商村级点项目，开发代买、代卖、代缴、就业等互联网服务，创建一批大学生村官电商创业示范村。同时，优化电商物流配送体系，开发电商物流园建设，加快邮政e邮业务建设，解决物流运输"最后一公里"问题。目前，该市电商孵化园已开园，吸引更多大学生村官入园创业。该市瑞林镇民主村大学生村官杨水平在市乡两级的帮助下，成功领办了农村淘宝服务站，仅10月份就实现下单660余件，交易额达38万多元。

加强培训交流"领进门"，解决"不会创业"的问题。城市积极设立培训交流平台，帮助大学生解决创业前期遇到的早期技术问题。一是订制化培训。在电商孵化园专门设立培训室，完善相关培训设备，为开展大学生村官创业培训提供场所。在班次设置上，为了满足有创业意向和正在创业的大学生村官的差异化需求，分类开设入门班、提升班等班次，采取现场教学、视频教学、创业村官现身说法等方式，教授网店装修、网络营销等创业技巧。二是网络化沟通。形成大学生村官创业QQ群、微信群，拉组织部门、经济部门、入驻电商孵化园的青年企业家等相关人员入群，加强实时沟通，头脑风暴解决开微店、经营农村淘宝服务站等过程中的疑难问题。三是联盟化交流。成立瑞金市电子商务产业协会，聘请瑞金本土电商创业成功人士担任协会名誉理事，鼓励大学生村官加入，加强人才、技术、信息等平台交流，实现资源共享。该市沙洲坝镇梅岗村大学生村官丁揭怡加入创业群后，在多方出谋划策下，解决了货源、物流、宣传推广等问题，成功通过微店销售赣南脐橙，2015年11月已出售脐橙160余单。

完善资金保障"强后盾"，解决"没钱创业"的问题。该市出台促进电商发展系列扶持政策，对电商平台、电商进农村网络、物流体系、人才及农产品标准化体系建设等给予奖励、补贴、贴息贷款等政策扶持。对新通过QS、无公害、绿色、有机食品等农产品质量认证的，分别给予1万元、1.5万元、3万元、5万元奖励；对经国家知识产权、质量技术监督等部门认定的获得国家级、省级名牌产品的企业，分别给予10万元、5万元一次性奖励。对入驻电商孵化园的，实行3年零租金、零水电费、零网络费。支持电商进农村网络建设，对新设立的乡镇电商服务中心（分中心）、村级服务站给予2 000元的宣传推广补贴，年度评选示范乡镇电商服务中心（分中心）、示范村级服务站，分别给予5万元和2万元奖励。该市九堡镇堑下村大学生村官邱晋升通过电商渠道销售鄱阳湖大闸蟹，获得组织部门和乡镇党委的大力支持，成功贷款解决了资金周转问题。

由于规模小，实力薄弱，目前小微企业面临空间短缺、经营成本逐年上升、优惠政策尚未落实、融资困难等诸多困难。特别是物业租金的上涨，员工的使用和培训费用，限制小型微型企业的发展和成长。建立小企业公共服务平台，提供全方位的业务服务，完善企业发展环境，创造低成本的商业环境，对促进小微企业的升级和健康发展具有重要意义。

在南昌市昌安路洪大国际酒店用品城，并不起眼的25栋楼内，聚集了130余家满怀创业激情的小微企业。由江西健业投资管理有限公司投资600万元打造的江西首个创业梦工场，让创业者实现了从无到有、从弱变强的梦想。

如今，这里已经吸纳50余家企业、80余家个体工商户入驻，涉及行业50多个。作为小微企业项目孵化平台和小微企业服务平台，这里被批准为省级小微企业创业园、南昌市中小企业公共服务示范平台。

对于许多没有资金、没有市场、没有办公场地，只有创业梦想的创业者而言，创业梦工厂可以为他们的业务提供全方位的服务，为其创业梦铺平道路。

近年来，物业租赁成本已成为小微企业的主要经营负担。在南昌，办公用地租金每年增加10%以上。一个200平方米的小型微型企业，年租金成本超过十多万，为了创造低成本企业的商业环境，健业管理公司对入驻创业梦工场的企业实行优惠，给予50%的物业租赁补贴，只需支付10元/平方米/月的租金成本，即可在创业梦工场创业。

考虑到单个企业聘请会计成本高，创业梦工场引进一家财务会计中心，通过同时服务多家入驻企业，会计费用由每月的至少800元降为两三百元。为打破融资困难，建立了小微企业互助担保基金，为入驻企业提供担保。为实现企业间的互动消费，以南昌市创业商会为依托，建立了亿业消费联盟网，整合了各企业的力量和资源。

创业梦工场还专门设立了企业服务中心，为企业提供法律援助、协助办理商标注册等全方位服务。入驻的企业一致反映，创业梦工场就是他们的"娘家"，

有了困难和需求首选就是找创业梦工场。据悉，目前，入驻创业梦工场企业中已经有3家企业被推荐对接资本市场，其中一家已正式签订协议进入辅导期。

小微企业是市场经济中最活跃的一部分。由于数量众多，它们承担着促进创业、就业的重任，促进了市场社会的繁荣。多年来，国家帮助小微企业作了大量的努力，但小微企业发展依然面临诸多困难。企业家梦工厂通过企业家从物业管理转向综合业务服务转变，提供投资和业务支持服务。发展环境的优化将对解决小微企业经营问题、促进小微企业转型发挥重要作用。

3. 优化创业环境　53所高校＋百亿级别创投机构

成都可以吸引许多"北漂"、"上漂"等投资者返乡创业，与城市的历史背景和城市条件不可分割。

成都始建于2 300多年前，是国务院确定的全国首批24座国家历史文化名城之一，被联合国教科文组织评为"世界美食之都"。记者采访外地来川的创业者，无不对成都的生活环境赞不绝口。

另外，众多高校为企业家团队提供急需的人才。2014年，清华大学启迪创新研究院发布了《2014中国城市创新创业环境评价研究报告》，并揭晓了"2014中国城市创新创业环境排行榜"总体排名，成都名列第五。成都有53所大学，其中，2所"985"、3所"211"，每年有在校生72万、毕业生28万。据统计，成都市各类人才资源310万人，列全国大中城市第四，是目前国内为数不多的人才净流入城市。据2014年统计数据，成都有省"千人计划"专家299人，占全省总量的90.06%，顶尖团队18个，人力资源雄厚。

除了雄厚、年轻的人力资源，成都的各大投资机构、创业孵化器、政府补贴力度也是成都"吸金"的重要因素。

据了解，苏河汇成都分公司成立后短短半年时间，已经成功投资7个成都本土创业项目，其中4个为"创客中国"推荐；此外，还有抱团科技、德丰浩基金、创客基金、老鹰创投、经纬创投等投资公司在成都落户，对互联网和游戏行业非常关注。在创业孵化器中，成都有10个国家级孵化器、4个国际级大学科技园以及18个省级创业孵化器，还有如雨后春笋般成长的由市场导向的孵化器，如创业场、work+、next创业空间等，孵化土壤肥沃且宽阔。

此外，成都大学生还有额外的商业补贴，如简化企业注册登记信息、优先贷款支持，以及凡高校毕业生成立有限公司，税务核定为查账征收并办理微利企业认定后，企业所得税由原来的25%调整为20%交纳等优惠条件。

第三节
政府环境辅助

中小企业是现今支撑我国经济发展的重要因素之一，但是由于很多原因的制约，使其在生存过程中存在很多自身无法调控的缺陷，这些问题就需要政府出面来为其开辟一条良性发展的大道，以便为中小企业提供良好的发展环境，最终实现其更快、更好的发展目标[①]。

——刘倩《政府为中小企业提供发展环境问题研究》

如果政府对中小企业的发展环境提出建设性的建议，政府可以根据我国中小企业发展的实际情况，借鉴国外政府为中小企业提供发展环境的经验，找出政府在充当决策角色中的优缺点，以便加快我国中小企业的发展进度，达到促进我国经济发展的最终目标[②]。

---

①② 刘倩.政府为中小企业提供发展环境问题研究 [D].吉林财经大学，2014.

1. 政府要为创业创新创造生态环境

新动力是经济新常态下的新发展思路，新动力来自民间和政府的双引擎，民间要靠草根创业创新，政府要靠转变职能成为服务型政府。

创新分为两类，一类主要依靠政府主导发挥国有体制优势的创新模式，另一类是来自民间草根通过创业方式的创新①。两种创新都很重要，目前后一类更需要大力推进，这就是为什么要大众创业、万众创新。这一创业热潮比当年的"下海潮"、"公司热"具有更广泛的创业基础。大学生创新创业精神非常积极，创业者的目的不仅仅是财富的追求，还有实现改变世界的梦想。

政府要为创业创新创造法制环境、改善监管环境、搭建竞争平台、扫除政策性障碍，用互联网思维修订以往的法律和条例并建立新的法规，修订一批不适用创新创业的法规，促进创新创业的成长。这就是政府的有所作为，这就需要政府自身革命、自身创新。

对于传统的出租车行业，互联网的发展为创业者带来了新的准入机遇，即向传统管制提出挑战。政府应该适应新形势、制定新法规，以消费者而不是生产者的利益至上。

另一方面，政府要为创业创新创造生态环境，降低创业企业的准入成本、促进、至少不阻碍创业和就业人员流动、保护专利等各

---

① 钱颖一. 在双创中政府的作用至关重要. 中国经贸导刊，2016(7).

种产权定价和转移方式的退出机制，对创业企业给予最大的支持。这些主要是指政府提供公共服务的"软件"，有别于过去直接投资建立园区的"硬件"。

2. 印度政府：将为创业公司营造更为有利的生态环境

最近，印度经济事务秘书Shaktikanta Das表示，不考虑程序上的问题，政府正在为创业公司制定一个基本框架，以促进企业成长、增加就业机会。此外，总理纳伦德拉·莫迪发表了一系列重要声明，促进新兴企业的发展。Das在Twitter中表示："政府正在努力为创业公司创建有利于其成长的环境。公司在提高社会就业率上拥有无穷的潜力。"他还就这一政府政策的完善向公众广泛征询建议。

印度总理莫迪在独立日的讲话中发起了一场名为"为印度之崛起而创业"的运动，旨在通过增加银行对创业公司的财政支持，刺激人们创新创业，为社会创造更多的就业机会。国家财政部长Jayant Sinha表示："总理将在12月上半旬发表一系列关于创业运动的重要公告。我们也会整合目前已有的工作成果，进一步作出关于如何推进印度创业环境发展完善的声明。"

Sinha指出，总理将通过公开声明表示，印度对创业公司和创业者的尊重与支持，并确保印度成为世界上创业条件最好的国家。政府努力为这些公司与企业家提供资金上的保障和商业活动上的便利。政府还大力拓展创新实验室网络，培育各研究中心与大学的创新能力。政府的预算案阐释了鼓励创业公司的几个重要步骤，其中包括设立印度志愿基金（India Aspiration Fund）与阿塔尔创新使命（Atal Innovation Mission）。

3. 创新创业需要政府精准服务

近年来，创新发展已成为国家发展全局的核心，创新创业创造新价值，产生新的供给，唤醒新的需求，创造新的财富，已成为新常态下的新共识与新行动。大众创业、万众创新成为新常态下经济增长的新动力和社会繁荣的新源泉。

政府精准服务，为"双创"保驾护航。"双创"与政府的大力支持、政策环境的营造是不可分割的。国务院 2015 年出台《关于大力推进大众创业万众创新若干政策措施的意见》后，各地政府也相应出台了一系列支持"双创"发展的政策，重点关注政府支持政策，建立以创业培训、政策申请、法律财务、工商注册、投融资对接、媒体资讯等为服务内容的"双创"生态系统。政府将加快政府职能转变和行政审批改革，以此推进"双创"工作，用政府权力的"减法"，换取市场活力的"乘法"，大力发展专业化、市场化、社会化的科技中介服务机构，把众创空间等新型孵化器建设成为低成本、便利化、全要素、开放式的综合服务平台。

提升政府精准的服务能力，要深化行政管理体制改革，进一步推进简政放权，精简科技创新项目评审门类，简化审批程序，完善信息公开，提高行政效能，加速行政资源向社会开放，推动政府职能从研发管理向创新服务转变。要尽量为创业企业提供便利条件，同时探索、完善创业人员社会兜底保障机制，形成政府激励、社会支持、大众勇于创业的新局面。

打造有效创新空间，提高创新效率。创新空间首先是要素集聚、知识集聚和产业集聚的空间，是多元化产业集聚的空间。浙江大学区域与城市发展研究中心教授陈建军认为，产业多元化集聚的过程，将促使各类企业和人才在空间上近距离观察，两者面对面沟通交流的机会大大提高，人与人、企业与企业协调创新的试验成本也大大降低，进而产生类似于"综合性大学"的知识溢出效应。

在大都市区域，由于高等院校和科研机构数量众多，相关的科技服务业、商务服务业、信息服务业、物流服务业和金融服务业也更加完善，城市外围地区大量的制造业集聚形成了比较完整的产业链。一旦在产业链、知识链、创新链的某一环节突破创新，极易产生连锁反应，促使创新效率提高。因此，产业转型升级，创建有效的创新空间，需要特别关注区域核心城市和相应的都市圈建设，在地域空间上培育起产业转型升级和大众创业、万众创新的引领者。

创新是生产要素的重组。商品、资金、技术及人才等生产要素的自由流动，将提供多种组合的可能性，从而促使创新的产生。要积极推进区域及城乡一体化的发展，建立一体化的市场，实施一体化的政策，进一步破除人才流动的地域、部门和体制障碍，建立有利于高校、科研院所、企业研发部门的相互协作机制，使得扩散和应用新技术的过程更加迅速，为要素的自由流动和社会创新环境的营造创造有利的市场和人才条件。

支持新型孵化器建设，鼓励创新资源共享。创业环境决定了创业企业的生存基础、运行方式和发展方向。"北上深杭"本身拥有良好的创业孵化基础，并都以建设众创空间、创新工厂等新型孵化器作为"双创"工作的重要组成部分。

应该加大对众创空间的引导和支持力度。众创空间的本质就是多方向的试错，这不是政府领导决定的，而是创业者实践得来的。因此，要坚持政府引导、市场主导，保持多样性的众创空间建设，鼓励不同主体开办不同形式的众创空间。要鼓励有条件的传统孵化器按照市场化机制搞好创新创业公共服务，转型升级为各具特色的众创空间载体。

创新资源的开放共享非常重要。当前，我国众创空间存在机构小、散、信息不对称、单兵作战等问题。因此，应组建"众创空间联盟"，围绕创新链和创新过程，提供增值服务，制定相关行业标准，加强行业监管和自律。政府要最大限度地鼓励高校、院所开放科研仪器设备和科技服务，建立大型仪器设备开放共享目录，对纳入目录的仪器设备开放共享后进行补助。充分利用现有公共服务平台，整合资源，完善功能，搭建互联互通、资源共享的全方位的创业公共服务体系，给创业者提供政策咨询、创业辅导、项目推介、成果交易、认证检测、金融服务、专利保护等"一站式"创业服务。

4. 美国农村创业创新环境建设及其启示

美国创业革命兴起于20世纪90年代左右，已有20多年之久。

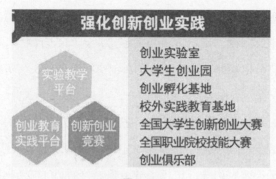

图 6.3.1

资料来源：图解高校创新创业教育咋改革
http://edu.qq.com/a/20150514/024613.htm

发展至今，美国成为世界第一大经济体，其超过95%的财富都是近二三十年积累的，并且其在创业硬件、创业资本环境以及创业内在机制建设方面都处于领先地位。其中，在农村创业创新环境建设方面的经验，对于我国农村"双创"环境的构建具有重要借鉴意义。

中小企业数量占据全美企业总数的99%。美国农村地区创建的企业多为小规模企业，这些企业为增加农村地区就业，促进农村经济发展与稳定作出不小贡献。为了鼓励农村小企业的发展，美国政府为农村地区的小企业营造出良好的农村创业创新环境，并提供广泛的支持。具体来说，美国农村创业创新环境建设的经验如下：

信息密切影响创业者的行为选择，信息的畅通节约了创业成本。互联网时代，互联网成为信息的主要沟通手段、传播方式，逐渐影响到农村与外界的交流。美国政府注重农村互联网基础设施建设，截至2010年，美国农村家庭已有57%拥有宽带连接，美国互联网农民用户已占农民总数一半以上。同时，美国政府每年投资约15亿美元用于农业、农村信息网络建设，已建立起比较健全、完善、规范的农业、农村信息服务体系，形成了以互联网为主要途径的农村、农业信息传播模式。美国已建成农业部及其所属五大信息机构在内的农业信息网（包括国家、州、地区三级）和世界最大的农业计算机网络系统AGNET，农民足不出户，在家通过互联网就可共享网络信息资源。"互联网+农业"成为当今美国农业创业的热点。此外，美国农民还利用互联网发展农村电子商务。

　　美国的创业教育始于20世纪60年代，从大学到研究生阶段已经形成了完备的创新教育体系，超过500所大学设立创业课程、提供创业学位。从小学到高中的创业教育让创业成为美国人的基本技能，从大学到研究生阶段的创业教育则让创业群体中出现更多高学历创业者。目前，在美国50岁以下的农民群体中，超过50%拥有大专及大专以上学历，这些农民中不乏一些农村创业者。而那些没有进入大学学习的高中毕业生，还可以选择进入社区大学进行学习。社区大学开设的计算机、科技、企业管理等课程为创业者弥补了知识和职业技能缺陷。除了课堂上的创业教育，在课外，美国还有创业竞赛、创业俱乐部、创业交流会等形式众多的创业活动来提高创业者的技能。美国的创业教育不是单一由学校推动，还得到美国社会机构组织的广泛支持，如科尔曼基金会、考夫曼创业流动基金会等为创业者提供创业基金；柯福曼创业中心、小企业管理局（SBA）等推广创业教育。

　　美国拥有成熟、发达的金融体系，为创业者提供融资服务。全国性、区域性、社区性的担保体系各具不同特点，可以为不同层次的创业者提供融资担保需求。以"邻家战略"（了解客户、服务社区）著称的社区银行广泛在全美分布，为农村地区的创业融资提供了便利。风险投资中的"天使投资"（Angel Investment）为处于初创期贷款无门的中小企业提供"种子资金"。创业投资基金由基金经理人通过考察选定投资项目和企业，再以相应的投资为企业融资。小企业管理局（SBA）的出现，有针对性地帮助特定创业者融资，使得美国创业融资体系更加健全。如小企业管理局推出了针对有发展潜力的科技创新小企业的"小企业创新研究计划（SBIR）"、针对有小规模资金需求企业的"新兴市场风投计划（NMVC）"、针对乡村发展的"乡村优先贷款担保项目（RLA）"，以及针对妇女、退伍老兵创业的贷款计划。2011年，美国白宫农村经济论坛会议计划在未来五年内实现农村小企业的SBA投资额翻番，促进私募股权和风险资本与农村初创公司的创业互动，这无疑将帮助农村初创公司获得创业资金投资。

　　创业初期，小企业往往资金有限，抗风险能力差，需要保险公司提供保护，降低风险，减少损失。1976年，美国保险服务局（ISO）推出了中小企业主保险。该保险基于中小企业的特点，设计的综合涵盖多个基本险种的一揽子保单，主要有两种形式：标准保险（主要包括投保人私有财产等直接损失以及额外费用等间接损失）和特别保险（主要包括对第三者财产损失和人身伤害造成的经济赔偿）。通过购买中小企业主保险，中小企业主能得到较为全面的保障。在购买中小企业主保险之前，中小企业主须符合保险公司的规定：如中小企业的办公楼楼层应不超过三层或者总面积不超过10万平方英尺等。当投保事项发生时，保险公司将按照重置价格给予中小企业主补偿金额，这就最大程度地保障了中小企业主的利益。

为了帮助创业者成立小企业以及保持小企业的活力，美国政府于1953年成立了小企业管理局（SBA）。小企业管理局在美国联邦机构中具有很高的地位，其局长由总统亲自任命。1958年小企业管理局被美国国会确定为"永久性联邦机构"。小企业管理局专门代表小企业利益，其针对小企业开展的活动可以概括为"3C"，即融资、咨询管理培训和争取政府订单。融资方面：小企业管理局已是美国最大的小企业独立融资机构，很少直接为小企业提供贷款，多是创造小企业可从与小企业管理局合作的商业金融机构获得融资的必要条件。咨询管理培训方面：小企业管理局通过分布全国的经理服务公司和小企业发展中心为创业者提供创业准备、拟定计划、公司成立与运营等多方面的咨询服务，同时也通过商会、大专院校等向创业者提供技术、经销等管理方面的培训。争取政府订单方面：小企业管理局的政府合同办公室通过与其他联邦机构共同制定计划，确保每年小企业参与的采购项目金额占政府采购合同的总金额不低于23%。此外，小企业管理局还设立"小企业出口流动资本项目"、"出口服务中心"，以此促进小企业的进出口贸易。

5. 农民工返乡创业

我国农民工返乡创业以小规模企业为主。农民工返乡创业除了需要政府从税收优惠、信贷支持、培训服务等方面提供支持，还需要政府从以下几个方面作出努力。

良好的农村公共基础设施主要表现为"四通"：通水、通电、通路、通信，这是提高农民工创业效率的基本条件。其中，通信还包括利用互联网进行咨询、洽谈、在线教育等。有报告显示，我国使用互联网办公的企业在2014年比例高达78.7%。同样，互联网技术在农民工返乡创业中具有巨大的应用前景：农村地区电商的发展、"互联网＋农业"等都需要互联网技术在农村地区的普及。然而，截至2013年年底，我国农村地区互联网普及率仅有27.5%，与此对应的城镇居民互联网普及率约达60%。从供需角度而言，农村地区互联网普及率不及城镇，一方面在于农村的生活习惯、文化水平，另一方面更在于国家农村信息化基础设施战略。通过增加对农村信息基础设施建设的投入，提升农村信息技术的普及率，解决农村地区"上网难、上网贵"的问题，可以为农民工返乡创业，尤其是发展与互联网相关产业节约成本。

创业教育是激发创业精神、创新热情，提升创业能力的重要途径。目前，中国的创业教育仅在部分高校实行，总体进度较慢，与全面推广差距较大。在创业教育稀缺的背景下，创业者，尤其是返乡农民工，创业几乎是按图索骥。为了使返乡农民工之类的创业者有创业教育背景、能够接受到创业教育，一是要将创业教育融入主流教育，推动创业、创新教育在大学乃至大学以下教育层次的普及；二是要为返乡农民工创业再教育提升提供便捷渠道，如针对返乡创业农民工开展多种形式的创业培训、讲座活动。

农民工返乡创业固然有着先进地区发展经验、技能等优势，但同样也面临着自然和市场风险。对于返乡农民工来说，传统的保险不具有针对性，品种多、保费高，使得保险意识淡薄的农民工往往忽略保险。因此，建立针对农民工返乡创业的保险体系十分必要。该体系建立的主体思路是，从保险品种中划定出若干品种，如财产险、人身意外险等作为创业必需的一揽子保险产品，按照"政府财政补助+保险公司优惠+农民工自主购买"的原则将农民工创业纳入保险体系。此外，政府要选择适当的方式，将创业农民工纳入教育、医疗等公共服务体系，减少农民工的创业后顾之忧，最终形成以创业保险为主、公共服务体系为辅的农民工返乡创业保险体系。

创业初期，返乡农民工创业资金主要有两个来源：自身积累资金和向亲戚朋友、家庭筹集的资金。在急需流动资金时，由于农民工信用体系不完善，银行等金融机构贷款手续繁琐、贷款到账时间长等因素，农民工只得选择民间高利贷，忍受高额融资成本。解决返乡农民工创业过程中的制度性融资困境往往需要从内外两个环境努力，外部环境需完善创业农民工的信用体系，增加农村银行网点分布，引导村镇银行、小额贷款公司为农民工返乡创业助力，建立类似美国SBA、SBIC组织专门为创业企业提供资金支持等；内部环境需引导农民工强化自身信用意识，引导农民工创业者建立创业共同基金等。

创业离不开科学筹划、科学管理、科学生产、科学经营等，创业、创新教育不可能一劳永逸解决创业者遇到的问题，往往还需要依靠外部力量去解决新产生的问题。美国小企业管理局以及众多的社会组织为创业者创业提供了完善的创业咨询服务体系，从而为创业永续活力。在我国，创业咨询服务体系建设还处于初级阶段，农村地区由于互联网的普及率低，相关咨询机构更是稀缺，农民工获取创业知识渠道有限，有关企业成立、经营等的创业知识愈加匮乏。加快我国农村创业咨询服务体系的建设，需要相关法律、法规的制定与完善；更需要加强政府的规划与引导，而且政府不应仅仅提供创业专项基金，可从财政预算中安排一部分资金用于创业咨询服务体系建设，鼓励多方参与，建立政府为主体、社会组织为辅助的创业咨询体系。

第七章
国内各行业亮点案例

第一节

技术创新将全面引爆商业变革

中国在通向未来的不断发展中，必须要时刻紧盯人类前沿技术，并积极努力在安全的基础上，实现对新技术的把握和战略上的赶超，才有可能在长期的文明演化中占据优势地位[①]。

——何哲《通向人工智能时代》

中国必须高度重视人工智能技术和相关社会变革，并作出相应的战略部署。引导鼓励企业社会的进入；构建新时代的社会伦理体系，形成与技术的平衡；确保新时代的安全；构建自身的技术标准与国际治理联盟；加快广域范围内的人才培养。

1. 人工智能时代，技术创新将全面引爆商业变革

研发技术一方面要求技术确实要达到一定的水平，另一方面也

[①] 何哲. 通向人工智能时代——兼论美国人工智能战略方向及对中国人工智能战略的借鉴. 电子政务，2016(12).

要有一些标志性的事件推波助澜，要有很好的技术PR效应。早在1956年，人工智能就在美国达特茅斯大学召开的学术会议上被提出，然而，经过整整一个甲子的起伏反复，却始终没能形成产业发展。进入2016年，借着AlphaGo与李世石的人机世纪对战，人工智能再次掀起一波小高潮。

显然，AlphaGo为人工智能的"回归"做好了十足的舆论基础，创造了契机，加上巨额资金的投入、在技术上的更替发展，以及众多国内外巨头纷纷加速布局，AI产业也将逐步开始形成。

现今所谈及的人工智能是一个十分广泛的概念。从不同的技术层面来看，分为领域应用技术和数据智能基础技术。其中，人工智能中的领域应用技术包括计算机视觉、语音识别、自然语言理解等针对特定领域的信息类型和针对该类信息进行处理的技术，计算机视觉从模式识别研究手段转化到现在的数据驱动手段，而语音识别过去也都是基于语法结构的，这些相关的技术在过去很多年里都在各个领域有了很多发展，因此各自已经形成了比较成熟的方法和方向。在这些应用领域技术下面，还有一层更加基础的数据智能技术，包括机器学习、深度学习、搜索与优化等适用于更广泛问题的建模、与应用领域无关的技术。通常我们在谈人工智能的时候，很容易把这些概念都混淆在一起。

而事实上，早在十几年前，当人工智能还没有今天这么流行的时候，那些基于数据、基于统计的研究方法就已经是人工智能技术的一部分了，只是还没有成为行业发展的热词。

现在，经常并列地提机器学习和深度学习，但其实机器学习有很多不同的方法，深度学习只是机器学习的一个子集，如今它已经在各个领域的应用中有很多非常成功的案例。这些蛰伏已久的技术，往往会通过一些行业龙头公司的标志性的事件成为广泛认知与应用的引爆点。如Google通过深度学习神经网络实现了猫脸识别，正是借着Google本身的光环效应才使得这个事件引起了广泛关注，如果换成其他普通公司可能就不见得能达到这样的效果。而AlphaGo战胜李世石的事件更是充满了许多抓人眼球的新闻点：明星技术公司、世界顶尖棋手、人机大战之于人工智能发展进程的象征性意义，无不吸引行业以及大众的注意力。引爆一个技术，一方面要求技术确实要达到一定的水平，另一方面也要有一些标志性的事件，要有很好的技术PR效应。因此，近两年来，随着Google、IBM、微软等公司在人工智能领域的长期投入开始展露出商业成果，并进行广泛的市场宣传，不仅逐渐点燃了工业界的热情，加强了研究者的信心，同时也有很多产业、资本开始投入到其中，使得人工智能赢得了大众的关注。这让我们突然就感觉到了人工智能时代的到来。

最近几年，AI产业出现了爆发式增长，具体来说AI从概念到产业的爆发还需要具备三个条件，即算法、算力、数据。

算法方面，随着深度学习理论和工程技术体系的成熟，包括通过云服务或者开源的方式向行业输出技术，先进的算法被封装为易于使用的产品和服务，越来越多的人和公司能够开始使用这些算法。人工智能相关的技术包括了水平层和垂直层的技术，水平层面上主要体现在算法方面。这两个层面都有很多大厂商都在做，包括Google、微软、Amazon以及一些开源的第三方软件，都试图在搭建通用的人工智能机器学习和深度学习计算底层平台。而上面的应用比如说语音、文字、图像、即时定位等，也有很多开源的框架，特别是图像处理，很多框架都应用了机器学习和深度学习。从这方面来看，人工智能的产业化已经开始了，各个层面的企业都将参与其中。例如微软，经过重组，成立了人工智能及微软研究事业部，总共有5 000多位科学家和工程师，这是一个巨大的投入。再比如IBM，也提出转型到认知计算（Cognitive Computing）和云平台，高调进入人工智能领域。除此之外，在国内，百度、科大讯飞等公司也在人工智能上投入了大量的资源。

所以从趋势上来讲，人工智能时代的到来是明确的。算力方面，云计算的兴起起到了非常关键的作用。因为深度学习是极其消耗计算资源的，而通过云计算就可以以低成本获取大规模的算力，你要动态地获取几千个CPU，甚至上万个CPU的算力都不是事儿。除了云计算之外，GPU计算的进步对深度学习也有很大的推动作用，它能够加速深度学习中的计算速度，有些情况下甚至成百上千倍的提高。例如，现在深度学习的算法涉及了大量可以并行化的矩阵运算，而GPU的工作方式就是多核并行计算流的方式，这个特点特别适合于人工智能领域中的计算。此外，一些面向人工智能的专用硬件架构也开始出现，比如说用FPGA去做专用的人工智能加速芯片和加速的基础设施，微软的数据中心就大量地运用了FPGA技术。

在与算力相关的技术领域中，NVIDIA是比较早就意识到了人工智能潜力的公司。早在2012年，NVIDIA就开始在人工智能上投入大量资源，到现在的成绩还是挺不错的，不管是在服务器端的运算发布DGX-1大幅加快训练速度，或者基于Pascal架构的Tesla P100支持数据中心加速，还是为支持嵌入式产品而推出的Jetson TX1，都获得了市场的高度关注。总体来看，它的产品线体系已经比较完备了，并且NVDIA并不只是提供一个空的计算架构，它也给软件开发人员做了很多开发的库，包括为汽车的自动驾驶领域提供从模组到软件一整套齐全的解决方案。NVIDIA在人工智能的战略上是很清晰的，可以说抢了一个先机，有很多实质性的商业落地。比如已经有多家公司将NVIDIA技术嵌入到摄像头中进行智能视频数据分析。

此外，英特尔和NVIDIA一样都是做芯片的，虽然英特尔意识到这个事情会稍微滞后一点点，但是它的补救动作也还是很及时的，2016年英特尔收购了包括Itseez、Nervana System、Movidius等在内的很多人工智能技术公司，加上Altera和去年收购的Saffron Technology等，快速形成了在计算机视觉技术、数据中心里人工智能计算加速、FPGA芯片等方面的布局。所以尽管它的发力晚了一点，但也展示出了坚强的决心和强大的实力。相信英特尔会做很多扎实的事情，推进面向人工智能的CPU、GPU、FPGA的融合计算架构，一定是它未来的发展方向。

总体来看，它们两家是各有优势的，如果从收入规模来看，

NVIDIA比英特尔小得多，正是因为它的体量小，所以在人工智能领域的收入比例就会显得大很多，这是它引起媒体持续关注的一大原因。

除了这两家之外，还有高通也是一个很有潜力的参与者。它的强项是移动芯片，但移动芯片的低功耗要求使得运算性能很难做得特别高。数据训练显然就不是高通的强项，因为数据训练是性能驱动的，英特尔、AMD、NVIDIA这些公司在服务器端比较擅长。但是高通可以专注在设备端所需的推理计算，在移动端功耗很低、算力不是那么强的情况下，人工智能也有一些能力上的需求。这些能力的实现分两种途径，一种是加强通用计算的能力，比如CPU里计算单元应该做一些什么样的改进才能适合于人工智能的工作量。另一种是专用的，比如针对视觉、语音等这些领域的问题，开发专用硬件提供给设备端，现在很多公司的方向都是把专用领域里的一些能力放到设备端上去。

再比如人工智能应用的一些领域——AR、VR、MR，这些领域有很强的智能技术能力需求。例如对外界环境的智能感知能力，除了基本的几何识别能力，其实还有很多语意理解能力的要求。而AR/VR/MR所需要的人工智能很多也是要在设备端上实现的，不能完全依赖于云。所以我们可以看到，未来将有很多的类似于高通的厂商会加入到设备端智能能力的提供上来。人工智能在设备端的需求量是相当巨大的，在未来三年以内，我们就能够看到有大量设备端人工智能产品出来。

　　当然，关于算力虽然我们谈了很多硬件基础设施对人工智能发展的支撑，但是影响人工智能算力需求最重要的还是软件和算法，因为算法决定了计算的复杂度也就决定了算力资源的需求。另一方面，无论是CPU、GPU还是FPGA的计算架构，规模最庞大的算力最主要的提供方式将是通过云服务的方式向广泛的公众用户提供出来，加速人工智能民主化的过程。Google、微软、Facebook、Amazon等行业龙头，都在大力开发人工智能的云服务，积累大量的算力资源，期望成为智能时代的计算平台霸主。

　　数据方面，近年来由于移动互联网的爆发使得我们积累了大量的数据，同时物联网也极大地扩展了获取数据的数量和类型。事实上，相比较于算法和算力，数据的获取会更难一点。因为它是建立在已有业务基础上的，以往我们都是先通过非人工智能的方式积累大量的数据，而现在初创企业要去获得它就需要一些巧劲。每个时代都要解决不同的问题，今天人工智能公司也一样需要去解决问题，就怕打着人工智能的旗号，做一些不接地气的事，不能够为用户解决实质性问题。谈到数据，这是国外厂商要实现人工智能技术在中国的落地需要解决的一个重要问题。在数据管控方面，我们国家对数据主权的保护越来越重视，这对国内的企业来讲是一个利好。但是，长期来讲，数据的流动是难以避免的。对此，国内企业要及时抓住时间的窗口，不断快速地建立起竞争壁垒。

　　人工智能的发展路径一定是以创造价值为导向，而不是以技术先进为导向的。对不同的业务来说，有的情况下人工智能是优化业

务的支撑手段，而有的情况下则是创造差异化竞争优势的初始核心
能力，团队在创业时一定要辨明其业务属性到底是什么，以及人工
智能在企业发展阶段中的不同作用。未来，人工智能将如空气和
水一样渗入到各行各业①。我们特别看好人工智能在各行各业的应
用，未来它会像空气和水一样会渗透到我们的日常生活中，会像
移动互联网一样渗透到各行各业里面去，并重塑未来的数字商业
格局。

2. 把握人工智能时代机遇，创新发展永远在路上

人工智能的传说可以追溯到古埃及，但人工智能领域的研究是
从1956年才正式开始。这一年在达特茅斯大学召开的会议上正式使
用了"人工智能"(Artificial Intelligence, AI)这个术语，从那以后，
研究者们发展了众多理论和原理，人工智能的概念也随之扩展。

海尔智能机器人Ubot因何而生？海尔认为，这是一个伟大的时
代，要想推进智能家居更好地向前发展，就一定要跳出原有的圈子，
给智能家居行业灌注新鲜血液才行，所以我们开始了人工智能在智
能家居行业的第一次探索。

"海尔智能机器人Ubot是基于U+智慧生活大脑的又一交互入
口。它能够主动沟通帮助用户操控管理家中的智能设备，通过分析
思考理解用户需求，协调家电'联合作战'带给用户全新的人机交

---

① 刘庆峰.关于加快推动人工智能和中国脑计划的建议.中国科技产业，2017 (4).

互体验，营造出舒适的家庭环境。"说到海尔智能机器人Ubot，一点一点看着它从无到有、从概念模型到成熟产品的主创研发人员欣慰之情溢于言表。

海尔智能机器人Ubot有何独到之处？在谈到海尔智能机器人Ubot将会对智能家居产生怎样的影响时，主创研发人员再次强调了U+智慧生活大脑。"智能家居的发展可以分为控制、感知、思考三个阶段。家电如何像一个人一样，能够自然地对话，主动提供服务呢？它需要有思考的能力，需要在家庭系统中安上一个大脑。基于此，海尔推出了U+智慧生活大脑，它能听、能看、会说、能思考、有情感，能主动提供服务。它是U+平台的交互与决策核心，以日用户数据量在1亿条以上的U+互联平台作为数据分析的基础，使用人工智能作为技术基础，结合海尔的长期研发经验，识别语音，通过推理决策，洞察用户的需求，主动提供人性化服务。它将带来全新的用户体验，彻底解决用户操作繁琐的问题，引爆整个智能家居行业。"长久以来，人工智能对于普通人来说是那样的可望而不可及，然而海尔智能机器人Ubot的出现即将打破这一僵局，在未来，它甚至可能成为每个智慧家庭的标配，颠覆人们的生活方式，给人们带来全新的智慧体验。

人工智能是一门非常复杂、极富挑战性的科学，它属于自然科学和社会科学的交叉。在海尔智能机器人Ubot的设计中，涉及的学科有哲学、认知科学、数学、神经生理学、心理学、计算机科学、信息论、控制论、不定性论、仿生学等多种学科知识。海尔智能机器人Ubot也成功地将多种功能融为一体，目前已经实现了对它的诸多设想，在未来，更要积极把握人工智能的时代机遇，创新发展，让海尔智能机器人Ubot在人工智能的路上越走越远、越走越好。

3. 创新不止于颠覆

从PC时代到移动智能时代，科技对人们生活的影响越来越深刻。"阿尔法狗（AlphaGo）"战胜围棋冠军李世石后，人工智能时代算是彻底拉开序幕。

2016年3月，谷歌公司的"阿尔法狗"对战李世石之前，人类几乎一边倒地站在李世石的一边，预测李世石会赢，毕竟，李世石曾是几届世界冠军，且弈棋的过程并不能仅仅依靠计算机程序。结果，AlphaGo以4∶1胜出，万众震惊。值得注意的是，如果说第一局"阿尔法狗"赢得尚为波折，后续的几场可以说是轻松惬意，这就是人工智能的学习能力。

当然，无论是IBM的"深蓝"，还是谷歌的"阿尔法狗"，它们都是实验性的产物，并不具备量产到家的属性，市场还需要等待。PC时代，摩尔定律闻名遐迩，电脑厂商和数码广场商家均是摩尔定律的坚定执行者，以6个月为周期更新换代主推产品。实际上，移动智能时代，摩尔定律早已跟不上手机厂商们更新产品的速度。手机尚且如此，遑论人工智能？新的时代，需要新的技术。

2016年6月20日下午，中星微"数字多媒体芯片技术"国家重点实验室在北京宣布，经过五年多的攻坚克难和不懈努力，中国首款嵌入式神经网络处理器（NPU）芯片诞生，并已于2016年3月6日实现量产。这标志着我国在神经网络处理器领域的研究和开发上取得了重大突破；在基于"数据驱动并行计算"架构的深度学习人工智能领域达到国际先进水平；使我国视频监控行业发展由模拟时代、数字时代跨入智能时代，实现产业化并促进整体水平提升，在全球确立领先地位。

更重要的是，这款被命名为"星光智能一号"的芯片是中星微"星光中国芯"工程的最新成果，已成功在视频监控领域实现产业化，广泛应用于智能驾驶辅助、无人机、机器人等嵌入式机器视觉领域。

第二节
智能运用的重组

为了更好地开发利用这些浩如烟海的网络信息资源，现代图书馆只有积极承担起对网络资源的科学加工、整序管理等智能重组工作，才能在信息服务工作中掌握主动权①。

——程雪艳《网络信息资源的智能重组——图书馆信息服务的未来之路》

网络信息资源智能重组是指对网络信息资源的收集、组织、整序等，以便于网络信息资源合理布局，深层次开发以及方便读者利用的工作。

1. 围绕"美菱+互联网"，重塑智能研发基因

面对增长乏力的家电市场，制冷龙头企业美菱，在亮出营收同

---

① 程雪艳.网络信息资源的智能重组——图书馆信息服务的未来之路.现代情报，2004(11).

比增长半年报的同时，智能化战略转型再获投资市场认可，其非公开发行股票申请成功获得批复。美菱将以不低于4.70元/股非公开发行不超过3.34亿股，募集资金总额不超过15.7亿元，分别投入智能制造、智能研发以及智慧生活三大平台建设项目和补充流动资金。

美菱从来不打无准备之仗，投资市场的认可正是基于美菱清晰的智能化战略运作。美菱董事长刘体斌说："虽然整个行业的智能化路径都还不清晰，但智能化必然是白电未来的方向。从智能化的技术发展趋势来看，可以分为单品控制或接入网络、产品联动、系统化智能三个阶段，而现在大部分的产品智能化才从第一个阶段起步。围绕智能终端打造的系列生活平台项目，让我们正在遇见清晰的未来。"

值得一提的是，在企业智能化落地层面上，围绕白电智能化的必然趋势，美菱通过持续探索，给出了自己的答案：坚持产品主义，坚持"双三一心"战略，加速智能制造，发力智能研发，加速创新系统化智能，构建智慧生活。

随着信息技术与制造业深度融合，基于信息物理系统的智能装备、智能工厂等智能制造正在引领制造方式变革，家电企业尝试从"规模"制造向"智能"制造转型，从单纯制造向产品定制转变。

面对互联网时代的发展浪潮，如何把互联网与制造业深度融合，成为家电企业创新的不二之选。智能化升级将是美菱等家电企业发展的必经之路。

美菱将投入3.91亿元用于建设智能制造平台，大力发展智能制造，继续升级智能冰箱、智能空调等产品。据悉，美菱智能制造建设主要包括两个项目，一是智能制造（合肥）项目，项目完成后可新增年产60万台智能冰箱生产能力；二是冰柜智能建设项目，即年新增60万台中大容积环保节能冰柜智能生产线建设项目。

在美菱专注制冷行业的30多年，其智能制造实力提升有目共睹，近年来以不断升级的智能产品吸引了行业和消费者的关注。

2016年6月初，美菱更是率先推出了行业首款能够实现"空间智变"的CHiQ2代智能冰箱。据美菱副总裁钟明博士介绍，这款智能冰箱弥补智能冰箱行业识别技术的空白，真正实现"空间随需而换，温度随时而变，生活随心而享"。

坚持产品主义的同时，美菱也不断加速产业布局。经过多年的发展，美菱从之前单一的冰箱制造，发展成现在的综合性白电企业，在产品线布局上已经基本成形。现在，美菱已经覆盖了冰、洗、空、厨卫、小家电等全产品线，同时进入生鲜电商、生物医疗等新产业领域。

"十三五"开局之年，创新是关键。而对于美菱而言，研发能力的提升无疑是其创新用户体验和价值的核心环节。据介绍，美菱将募资5.59亿元投入智能研发能力建设和新产品开发项目，大力建设智能研发能力，开发智能家电技术及新产品，从根本上解决智能战略实施面临的研发能力瓶颈和产业化瓶颈。完成募资后，美菱将建设满足自身智能研发能力提升的研发平台，构建研发管理平台，完善云平台服务系统，实现跨部门的资源协同；同时，提升智能家电技术的创新和智能产品的研发能力，整合研发资源，形成研发合力。

　　智能研发是美菱智能战略的核心，这一点毋庸置疑。一直以来，美菱始终坚持自主创新，坚持技术创新，不断提升自身的智能研发能力。美菱CHiQ2代"空间智变"冰箱的推出，离不开其智能研发能力的提升。

　　ETC智能识别技术和智能冷量分配技术是CHiQ2代冰箱的秘密武器，不仅可以精准识别冷藏室食物，而且打破冰箱识别技术壁垒，能够迅速识别冷冻室和带包装的食品，识别率高达100%。同时，通过中央制冷，分离式多风道输送，实现了智能冷量合理分配，让空间可定制化，满足消费者个性化需求。

　　这两项技术颠覆了用户的消费体验，引领了智能冰箱行业的发展。"CHiQ2代'空间智变'冰箱，冷藏冷冻温区按需切换，将启动冰箱行业的一个新变革，带动全球冰箱业从多门、对开门冰箱进入全新的自由空间时代，直击消费痛点。"行业分析师梁振鹏告诉记者。

　　"互联网+"时代，美菱不断拥抱互联网、推进智能化发展转型，提出了智慧生活概念，加速从智慧家庭走向智慧社会，探索企业发展的新路径。面对互联网+的时代背景，美菱积极探索，正式推出智慧生活项目。

　　据悉，美菱智慧生活项目以"购食汇"生鲜电商平台载体，自2016年在四川绵阳、安徽合肥两地试运行至今，已经成为美菱在智能家居领域的重要突破口。

目前，美菱已经打造了购食汇官网平台，其APP上已经拥有近千种生鲜产品，能够满足消费者的个性需求。美菱智慧生活项目正在按计划推进，并取得了不俗的成绩。

2016年4月，美菱与经营团队共同投资成立长美科技有限公司，其在绵阳地区正式运营以来，短短2个月时间，该平台注册会员已达到6万余名，日订单量已突破2 000单，已完成70个社区的智能冷链自提柜，打通消费者的"最后一公里"。

除了服务平台的升级，美菱智慧终端同样大放异彩。2016年6月，美菱率先推出了行业首个"智汇家生态圈"计划，整合的终端智能平台再度赢得消费者的普遍关注。美菱董事长刘体斌称："'智'代表智能化、'汇'代表产业和数据的汇聚、'家'"代表智慧家庭以及我们美菱梦的终极目标就是服务更多的家庭。"

"智汇家生态圈"计划将围绕人体的胃、肺和肾，落脚到食物、空气和水等生活重要元素，建设三大核心生活圈，即食物健康管理生态圈、空气健康管理生态圈、水健康管理生态圈。接下来，美菱将对家居产品的系统化智能体系进行创新，实现以人为中心的广泛协同，完善布局，即从家居生活模式的角度取得突破，提升用户体验、体现用户价值。

毫无疑问，作为美菱智慧生活项目的重要组成部分，购食汇平台的构建、长美科技的成立和"智汇家生态圈"计划的推出，将进一步加速美菱智能战略的持续推进，引爆美菱的发展新形态。接下来，美菱将围绕"社区"、"生鲜"、"O2O"等关键要素，以社区"智能生鲜自提柜"为切入点，采用深度整合的O2O方式，开展O2O社区生鲜业务。

　　未来的美菱将加速打造智能制造、智能研发和智慧生活三大平台，探索"设备+服务"的模式转型，实现公司从低频次销售硬件走向高频次售卖服务，形成"硬件+服务"的双增长引擎，构建系统化智能的解决方案。美菱的产业布局已经基本完善，将继续做强产品再造新美菱；同时，美菱将进一步推进系统协同，构建起智汇家大生态，加速系统化智能创新，创造用户运营新模式。

　　2. 银行创新三大方向：智能化、数据挖掘、差异化定位

　　随着上市银行盈利增速的普遍放缓，如何有效转型，实现银行业的创新发展再次成为困扰银行业的重要课题。伴随科技创新和智能机器人的应用推广，建设智能银行提质增效，以期达到压缩成本和提高客户服务满意度的努力正成为银行业业务创新的一个方向。与此同时，各行互联网金融战略的纷纷落地，也加速了基于"互联网+"的产品创新走向深入，大数据分析、运用以及挖掘正成为银行创新的重要领域。不仅如此，通过科技创新降低运营成本、提高客户服务满意度、增强数据分析和运用能力的同时，结合当前的经济形势进行的差异化产品定位和推广也成为银行业业务创新的一个鲜明特点。

　　科技创新和智能服务正成为银行产品创新的前沿。智能机器人、智能柜员机、智能终端等已经陆续成为银行服务客户的新载体，在

有效提高业务受理效率的同时，也满足了客户对方便快捷服务的要求。

交行在银行网点推广使用的智能机器人采用了全球领先的智能交互技术，交互准确率达95%以上，可通过语言识别、触摸交互、肢体语言等方式提供迎宾、业务引导、业务查询等服务。而交行创新推出的智能柜员机（ITM），是通过整合先进的通讯及多媒体技术，以集成化处理和远程视频协同交易功能，实现远程智能柜面服务新模式，能处理多种现金及非现金业务，还能满足出国出境旅游留学人群英镑、美元、欧元等多种货币的购汇需求。

与此同时，工行智能网点的建设也已经全面铺开。据了解，截至2015年9月，工行深圳市分行已实现地区内智能网点的全网覆盖。厦门超过三分之一的工行支行也已经可以提供智能化银行服务。由此，客户可以自助办理包括银行卡申领、挂失、网银开立、大额转账等60多项业务，基本涵盖了目前90%以上的银行非现金业务。

此外，农行自主研发的新一代核心银行系统(BoEing)已全面上线，这意味着农行不仅可以给客户提供更便捷安全的金融服务，为定制个性服务提供技术支撑；而且还能实时进行交易监控和数据分析，提高风险预警能力和风控反应速度，从技术上提升了业务风险的控制能力。

值得关注的是，华夏银行在国内首家推出具备金融服务功能的"手表银行"，通过依托苹果手表（AppleWatch）的应用特性，为客户提供余额查询、网点查询、信息推送等金融服务，有效提高了客户的服务满意度。

智能银行持续推进的同时，商业银行的"互联网+"创新正在逐渐走向深入。而以大数据挖掘为代表的数据应用则成为银行"互联网+"发力的重点方向。工行的网络融资中心，其定位就是通过运用互联网与大数据技术，实现信贷业务尤其是小微和个人金融业务在风险可控基础上的批量化发展。数据显示，目前，工行的网络融资总规模已达4 500亿元，是国内最大的网络融资银行。

实际上，兴业银行已经在融资领域打造了以大数据为基础建立风险管理的新模式，推出了"融资直通车"、"兴e融"、"网络贷"等在线融资平台。数据显示，截至2015年9月末，"三大直通车"已拓展企业客户1 232户、触及终端用户近41万户。预计至今年年末，"三大直通车"企业客户将超过1 700户、终端用户将超过100万户，年交易额将超过1 000亿元。

商业银行在盈利增速放缓的压力下，转型发展已势在必行。而随着业务创新走向深入以及互联网金融的持续推进，各银行的特色定位已经开始出现差异化。

工行以三大平台和三大产品线为主体的互联网金融业务正成为推动其经营转型和业务发展的新引擎。建行副行长杨文升则表示，利用互联网思维及互联网大数据和技术对传统的商业银行进行再造，是建行正在做的事情，而用"互联网+"打造金融生态系统则是建行的"2020战略"。

中行方面则致力于继续强化其国际化程度。通过加快推进"一带一路"金融大动脉建设，延伸服务网络。截至2015年9月末，中行拥有海外机构635家，覆盖44个国家和地区，在"一带一路"沿线18个国家设立21家分支机构，跟进"一带一路"境外重大项目约310个，总投资额约2 900亿美元，中行意向性授信金额约750亿美元。此外，中行2015年前三季度完成跨境人民币结算量超过4.2万亿元，清算量245.4万亿元，继续保持全球第一。继担任港澳台地区、法兰克福、巴黎、悉尼、吉隆坡、匈牙利、南非人民币清算行之后，中行又被授权担任赞比亚人民币清算行，清算行数量继续保持同业第一，构建起覆盖全球的人民币清算网络。

大型银行差异化定位和布局的同时，中小银行以差异化定位为基础的业务创新也如火如荼。随着国家把"大众创业、万众创新"打造成推动经济增长的重要引擎，北京银行扎实践行"服务小微企业"的特色化、差异化发展道路，立足北京、服务创新创业，已经成为区域银行中小微业务做得最好的银行，并得到李克强总理的高度认可。数据显示，截至2015年11月，北京银行为近11万家小微企业提供服务，累计为4万户小微企业发放贷款超过近1.7万亿元。其中，在北京地区累计支持8万余家小微企业，累计贷款超过1.2万亿元，服务客户占首都小微企业数量的1/4。

"中国金融机构金牌榜"，是由中国金融领域权威的主流媒体《金融时报》，联合国家级权威的学术研究机构中国社会科学院金融研究所，自2008年以来推出的全国性重要的金融行业年度评选活动。评选活动本着打造中国金融行业最具权威的优秀品牌，更好地促进金融市场健康发展为目标，以客观、专业、负责的精神，日益受到金融业界与社会各方面的高度重视和广泛关注。

3. TCL以工业技术创新为基础积极推动智能战略

TCL举办的2016年春季产品发布会，这是TCL年度企业战略和新品发布的盛会，包括TCL多媒体、TCL通讯科技、家电产业集团、互联网应用及服务业务群、金融事业本部等业务板块组成的超强阵容在此次盛会上集中亮相，展示最新技术成果和战略规划。

TCL多媒体QUHD TV旗舰新品Xclusive1正式发布了。这款曾在2016年美国CES（国际消费类电子产品展览会）上大放异彩的电视定位高端，使用了当下最前沿的悦彩量子点显示材料，并利用TCL独家的绮丽画质处理引擎，在各项性能指标上达到甚至超过AMOLED（有源矩阵有机发光二极体）的水平，成本却低很多。X1的显示技术，代表了TCL多媒体最高的技术水准，足以引领行业画质标准及发展趋势。

TCL一直在提倡"惟精惟一"的工匠精神，为用户提供极致产品及服务，这在本次春会的重头戏QUHD TV上得到全面体现。量子点显示技术最早由TCL推出，经过不断完善目前已进入成熟阶段。一般来说，AMOLED被普遍认为会是下一代显示技术，但这种技术成本较高，良品率低，除了应用在一些小型设备上之外，尚不存在大规模应用的市场环境。

大力研发量子点技术用来提升LCD（发光二极管）的显示效

果，在性能上与画质上并不落后于OLED（有机发光二极管），但成本却大大降低，这使得TCL量子点成为比下一代OLED更有能力即时落地的次世代技术。这几年全球量子点显示技术的产业环境已经形成，而TCL则因动手早而拥有先发优势，处在行业的领先位置。

一项技术首先要有可行性，要在成本上合算，然后才能被大力发展。成本的问题不仅针对厂商，更是针对用户。TCL在技术和创新上的追求相当因地制宜，没有片面追求技术这一个维度，而是综合考虑了市场、产业环境、可行性等诸多因素，之后才大力将量子点显示技术作为发力主攻方向来做，取得了较好的成效。

据TCL2015年财报显示，2015年TCL集团实现营业收入1 045.79亿元，净利润32.3亿元，其中有20.7亿元利润是由旗下主营显示面板的明星企业华星光电实现，下一代显示技术已成为TCL集团的现金奶牛，发展势头强劲。TCL显示面板的策略是，暂时回避工艺还不成熟的OLED，大力开发量子点技术，但这并不代表就要绕过OLED，而是对这种下一代显示技术积极关注，TCL研发已达三年的印刷显示技术，正是围绕OLED产品提供服务的。

2015年TCL组建了互联网应用及服务事业本部，将原本散落的互联网应用服务整合到一个平台中进行运营，范围涵盖了移动设备、智能电视、智能家居等。目前TV+平台激活用户数为1 192.5万，日均活跃用户数达到480.1万；通过欢网运营的智能网络电视终端累计激活用户已达1 937.2万，日均活跃用户数721.9万。

TCL一直是一家坚持实业为本的公司，在对工业技术的追求上秉承"惟精惟一"的工匠精神，但这也并没有妨碍TCL拥抱新产品与新服务模式，尤其是将"互联网+"的理念引入企业，并根据自身情况提出了智能+互联网及产品+服务的双+模式，将双+与国际化再出发作为双轮驱动战略，推动整个TCL集团向前。目前TCL是中国在海外销售产品最多的企业，其国际化规划是三年内海外市场所占比重超过国内。

　　TCl在工业技术上追求"惟精惟一"、工匠精神，在服务和产品上追求极致，并积极实施互联网战略提升产品服务品质，满足用户需求，紧跟消费趋势的变化。这种双线布局已为行业变革的到来，做好了充分的物质及思想准备，TCL多年来在未来产业上的布局即将开花结果。

第三节

云计算的构筑

　　短短十年，云计算技术日新月异，使我们的生活发生了翻天覆地的变化。大到国家建设，小到产业变革，乃至人们的衣食住行，已经越来越离不开云计算和大数据的支持①。

　　　　　　　　——蒋向利《构筑云体系推动云落地助力

　　　　　　　　　　　中国制造向中国创造转变》

生活中，几乎每一个普通消费者都在享受着云计算带来的便利，比如网上购物、网上约车、网上看春晚、网上求职等。

1. 云计算环境下的信息服务创新

云计算被视为科技界的下一次革命，它是一种融合性技术，其

---

①　蒋向利.构筑云体系 推动云落地 助力中国制造向中国创造转变:第四届中国国际云计算技术和应用展览会暨论坛/中国云体系云思维年会侧记.中国科技产业，2016(4).

涉及的技术十分广泛。它是分布式处理、并行处理、网格计算和网络存储的进一步发展[①]。

信息技术的飞速发展潜移默化地影响着人们的生活，从广播、电视、电话到计算机再到互联网，无不深刻地改变着人们的生活方式和工作方式。自从 2008 年"云计算"概念不断走强，云计算作为一种新兴的、备受关注的技术，以超强的计算能力和低廉的运行成本受到各界青睐，一经推出就得到了业界人士大力推崇，并逐步走进公众的视野。

云计算被视为科技界的下一次革命，它是继互联网之后的一项迅速发展的信息技术。云计算的发展方兴未艾，其庞大的运算集群使得大数据的搜索使用成为可能，掌握着大数据的操作和运用，可以让企业或个人在短时间内获得更多的对自己有用的信息。Google、Amazon、IBM、Microsoft 等大型知名 IT 企业都纷纷涉足云计算，国内的云计算也做得风生水起，阿里云、盛大云、百度云等各家公司都在紧密布局。云计算自诞生就受到空前的关注和热捧，为信息服务提供了新的变革引擎。它改变了企业信息服务的业务流程，助推了企业的高效运营，为加快全社会信息化进程迎来新的机遇。

在大数据背景下，数据存储量、用户访问量、信息生长量呈爆炸式规模增长，于是催生了云计算。云计算就是将计算规模化、网

---

① 　罗姣娣. 云计算环境下的信息服务创新. 中国传媒科技，2014 (3).

络泛在化，让互联网变成互联云，将互联网扩展到最大的程度。

云计算本身就是对IT资源的整合，构成庞大的资源池，资源可以统一灵活调配。因为数据计算在云端，数据维护在云端，数据存储仍在云端，所以云计算模式对于用户终端配置没有限制，在基础设施这一块就降低了门槛，用户只需花少量的钱来租赁云服务商提供的相关服务即可。这样硬件设施不用担心被淘汰，软件的升级与维护也甩给了云服务商。这样不仅给用户节约了成本，也给用户带来了方便。在云模式下，用户可以根据自己的需求和喜好来定制服务，不必一一记住资源存储在哪片云，相关的数据存储在"云海"之中，用户在任何时间、任何地点都能以某种便捷、安全的方式获得云中的相关信息或服务。但是，用户的信息需求复杂多变，要想提供的服务能切中用户需求，只有认真分析用户的需求取向，识别用户的信息需求特点。

由于用户的个体情况千差万别，决定了对同一内容的需求层次深浅不一。用户对某一领域或者某一专业钻研很深，这类用户肯定有着深层需求，需要提供专业知识服务；反之如果用户对某一领域或某一专业知之甚少，用户肯定只有浅层需求，需要提供常规信息服务。不同用户的需求自然不同，就是同一用户的需求也不是一成不变的，总是在年龄、知识结构、社会环境等各种变化因素的综合影响下呈现出差异性。换而言之，任何个人或群体的信息需求是呈动态发展变化的，无论是信息需求内容，还是信息需求数量、信息需求兴趣等都会因需求时间、需求地点等因素的不同而发生改变。

需求的动态性决定了信息服务的动态性，如何做到适应用户的动态需求也是信息服务的难点。在云计算环境下，智能技术的发展能很大程度上满足信息服务的动态性与需求的动态性相匹配。

在大数据背景下，信息呈指数级增长造成了信息铺天盖地数据泛滥成灾的局面，用户在信息海洋里很容易迷失方向，与需求内容的精准对接是广大用户的需求特点。在云计算背景下，记录用户的信息行为（计算机操作行为、网络检索行为），利用智能挖掘技术对用户信息行为进行分析，提取用户的特征信息来成立用户数据库，再经过进一步分析获取或是预测用户的信息倾向。比如通过对用户浏览页面、在某页面停留的时间，某一内容点击的次数、某一时间区域内访问的频次，获取的途径等相关内容和数量的统计，发现用户的研究领域和潜在兴趣，以判断用户需求。云计算的存储优势和计算优势为智能识别和预测用户的兴趣偏好创造了很好的条件，形成用户兴趣模型后，再在云资源库中过滤出与用户需求相匹配的信息推送给客户端。

云计算强大的计算能力、无限的存储容量、兼容的协作优势为信息服务领域带来了前所未有的影响，让信息服务实现"低成本，高品质"，也为信息服务模式的优化与创新创造了最优的IT环境。尤其是手机这种轻量级客户端无障碍联入云端，云计算的应用潜能成倍放大，信息服务的潜能也得到超值发挥。

云计算让计算、存储、维护等都在云端，大大降低了用户信息设备的购置成本，在降低用户使用网络的经济门槛的同时也降低了网民使用网络的知识门槛。

随着云计算与移动通信的联合让手机变成了便携式的迷你型超级计算机，让网络信息服务走出了公司办公室、图书馆、书房，物理的隔离已不再成为网络信息服务的障碍，任意地点随时获取是云时代信息服务的特点。因为基础设施无所不在，网络无处不在，信息无所不在，信息服务普适化成为现实。信息服务普适化也将大幅提高用户的信息素质，而用户信息素质的提高反过来有利于信息的利用与创新，这样会形成一个良性的信息资源增长循环，这也体现了云计算在资源建设方面的魅力。

信息资源的整合是有效信息资源的"开放"，是在"量"上的释放，实现了"增量"；信息的创新是新的信息资源的"开发"，是在"质"上的突破，实现了"提质"；知识服务泛在化是在"时空"上的跨越，促进了"共享"。"增量"是信息服务的基础，"提质"是信息服务的关键，"共享"是信息服务的目标，促使这三大变量产生正面效应的最大功臣当数云计算。

云计算环境下的信息服务更重视用户体验，以用户为中心，与用户进行多维互动。在信息爆炸的大环境下，用户想寻觅到与自己需求相匹配的信息并非容易。在信息利用的过程中，用户不同程度地出现了"信息焦虑"状态，严重影响到用户的体验。

因此，信息服务要求内容要有针对性，也就是符合用户的信息需求。失去了针对性无异于制造"信息垃圾"。云时代，所有信息都可以存储在云端，海量存储与超强计算对全面了解用户需求带来了极大的便利，用户需求了解得更全、更准，信息服务的针对性就越强，服务效益就越好。

众所周知，Google以强大的"免费"魅力征服全球用户，有众多的广告商为用户买单。当用户在免费使用Google邮箱、搜索和地图等服务时，用户所有的网络行为都会被数据中心记录下来，只是Google收集用户行为数据的方法十分隐秘，一般的用户并没有觉察到而已。日积月累，数据统计分析中心就会对用户的资讯需求和资讯兴趣了如指掌。所以用户在享受免费服务时，Google会把最适合用户或用户最需要的广告送上门来，这种广告更精准，更有效。云计算环境下，用户不自觉行为使得Google投放的在线广告更能有的放矢。用户角色变化体现在从单纯的用户转变为多重的角色，既是消费者又是生产者，既是体验者又是传播者。互联网曾是"内容为王"，如今强调内容的同时更要强调用户体验，互联网才会有更多的创新。用户体验既关注信息获取的结果，也关注信息获取的过程。由于有云计算技术的支撑，信息用户还可以获得定制服务，即用户在终端只需定制一次信息存储至服务器，服务器端就会自动搜索最新信息来传送，随着知识的不断更新，服务器端会跟踪与定制信息相关的内容，实时传递更新的内容给用户。这样就提高了信息用户的查询效益，节省了用户的宝贵时间。

工业经济时代注重产品功能和质量，服务经济时代注重服务的态度和品质，体验经济时代注重用户情感的愉悦和满足。用户体验是主观感受，因此很难确定标准来度量。用户成功获得愉悦体验的原则在于信息的易用性、交互性、可理解性，云计算有利于信息互动质量的考评，从而会使用户体验得到进一步提升。

2. 金融创新中的云计算和大数据角色

1995 年前后，马云尚未创建阿里巴巴时曾到美国游玩，发现一个很重要的问题，即在美国网页上根本搜不到中国的商品。马云是最早意识到互联网是唯一能够聚合长尾的工具的人，并有了做一个中国企业黄页的想法，这是阿里巴巴使命的真正起点。为中小企业服务必须承担巨大的信息处理成本。今天大多数的银行，每笔交易，IT 成本大概介于十几、二十块钱之间；而阿里每笔金融交易的成本是几分钱；金融行业就是靠 IT 吃饭，关键成本就是 IT。大数据和云计算这个平台所解决的最核心问题，是大幅降低每一笔交易的 IT 成本以及用数据驱动业务，从而引发金融创新的全新生态。

到今天为止只有互联网实现了平台模式，所有以物理搬运为主的任何产业都无法形成平台模式，因为只有互联网和信息平台才能解决平台经济问题。这背后是信息拥有成本极低的这个基本事实，互联网本身即为具备多边网络效应、放大效应的一种平台。未来十年，是互联网公司和传统产业通过平台模式融合的时代，左侧，BAT 通过体验来解决上亿消费者连接的问题，比如得益于支付宝的入口，余额宝很容易起步；右侧，传统企业有非常强大的产业资源。目前的问题是，互联网运营和传统行业两个世界之间彼此不了解对方。公平地讲，互联网公司是非常了解互联网运营的，它们并不了解传统行业，它可以从它最熟悉的客户以一种随机甚至探索方式获得意外的收获，但真正的互联网金融还没有开始，现在只能算互联金融V0.1；金融行业和互联网行业今天还有很大距离，它们更紧密地合作才是解决未来模式问题的关键。

传统金融企业感受到了互联网的来势汹汹。互联网有三个基本能力，第一是入口。入口是很关键的，比如余额宝的快速扩张与利用支付宝钱包这个入口有关系。传统的金融行业，做互联网金融，第一缺的就是入口，开发保险电子商务，做直销银行没有入口，就没有客户上来。第二是有效流量，金融行业需要高转化率，客户体验变得很重要，客户体验是提升转化率的关键。客户体验对电商来说很简单，他随时通过客户行为、客户画像等摸清客户的需求。传统行业没有意识到转换流量核心是在客户体验，客户体验的核心是在数据控制点的采集分析，背后需要大数据来推动。第三是客户运营，即使是互联网公司在客户运营方面也还有很长的路要走，当然，他们有个先觉条件是，对客户购买行为非常了解，但这个不等于客户运营。金融行业有一个独特的地方，它和电商的区别在于金融行业最终是玩"账户"，比如余额宝要让账户有黏性，让客户在我的账户里多消费，因此更愿意保持我的账户。大数据的工具要对账户进行保护和提升黏性。对金融机构来说更重要的是背后的统一账户。今天所有90后客户都把自己所有的行为暴露在网上，他的数字随时可以拿到，这是一代人的特点。关于代际特点：90后不在乎什么"隐私"，00后认为所有屏幕都可以触摸，这是技术塑造时代的特点。大数据可以帮助抓住这群90后的"数字痕迹"；从客户运营角度看，聚焦完全暴露在网上的人的成本绝对要远远低于在广场上跳舞的那些大妈们。比如，余额宝也是先从年轻人开始逐步到年长的群体，可能通过这些90后反向告诉他们母亲应该上余额宝，应该用这个消费。背后有一个客户洞察和客户运营，所有东西都是依赖数据。

今天阿里数据演进的速度比计算架构还要快，目前阿里是数百PB级别。很多机构讲的大数据不是大数据，而是普通的小数据，数据量很少超过50T。到了PB这个级别，是计算跟着大数据走，而不是数据跟着计算走，这是今天大数据和云计算的关系。

比如，阿里小贷这个业务用了30PB数据，800亿个信息项，100多个数据模型。今天做一个阿里小贷不需要流程判断，数据判断可以给他放贷，一个从未在银行有过贷款记录的农民甚至可以通过阿里小贷贷十块钱。

大数据的一个方向是用大数据开辟长尾市场，像余额宝，采用极低交易处理IT成本和精准数据分析一直服务于草根人群，提升交易效果。大数据还有两个方向，分别是提升交互体验和提升交易效率。银行过去多年的经营具有交易性，围绕交易有一个庞大体系，包括风控体系。互联网公司是做交付，不一定马上变现。银行未来的转移是逐步平衡交易处理安全以及交互式的黏合度。阿里小微的风控体系是完全新的，依赖阿里数据做标准。通过淘宝、天猫、支付宝各种消费，可以判断，阿里的不良资产率很低，证明阿里完全自创的一套数据模型是对的。

关于提升交互体验，张瑞敏把整个海尔客服人数降了七八成，他认为不需要人工客服，不需要声音甜美的妹子为客户服务，但不解决问题，一切都在线上自动化解决。这还是一个成本问题，比如人工最贵，比线上贵几十倍，未来五年不仅是数字化的过程，也是客服中心无人化运营的过程。

总而言之，如今做互联网化的金融创新必须理解两个要点，一个是理解小微，微金融，草根的习惯行为。第二要理解平台经济，互联网是唯一支持平台经济的模式，背后依靠大数据和云计算平台。传统企业、金融机构转型互联网，就是在互联网模式进行创业，只有把入口、有效流量和客户运营三个方面做好才有希望。

3. 基于流程创新的支付创新：以云计算为例

根据国际清算银行的分类，零售支付创新可以分为支付产品的创新和支付流程的创新。以产品为中心的分类是从用户角度出发，按创新产品的直观特性划分；以流程为中心的分类重点关注后台，主要是为支付服务供应商提供帮助。

《全球支付报告 2014》指出，相对于支付产业链中直接面对消费者的发起和接收环节，关于清算、结算流程安排的创新相对来说较少。技术进步的加速发展促进了支付前端服务的整合和创新。但随着信息安全方面的监管要求日趋严格，实时信息处理能力的要求越来越高，银行和支付机构传统的后台系统成为其面对不断变化的外部竞争和监管挑战的主要制约。

报告呼吁支付服务供应商改进其后台支付流程，以配合前端支付方式的快速创新。目前，大多数支付服务供应商已经将支付流程的改进和后台部门的创新放在了首要位置，相对而言，传统银行内部带宽和传统IT系统限制了其根据外部环境调整策略以提供更加个性化的服务。

对于支付机构而言，用户满意度是创新的最终目标。从《全球支付报告》调研的情况来看，不论是零售业务还是对公业务的客户，对于实时处理能力的要求越来越高。尤其是公司客户，出于财务管理、流动性节约等方面的需求，对银行的支付处理能力有着更高的期望。

可视性需求。为了更好控制流动性和管理运营资本，大多数公司对集团级现金流的可视性提出了一定要求，尤其是与多家银行有支付结算业务合作的公司，分散的信息增加了其管理和预测集团财务状况的难度。

通过提高支付效率控制成本的需求。在资金交易活动中，企业对直通式、标准化、中心化的支付服务，及消除单一欧元支付区内相关标准差异方面均表现出强烈需求。

风险管理的需求。在端对端的支付流程中，公司希望银行能够提供更加简洁、合理和中心化的服务，以消除或减少支付流程中的操作风险。

分散对手方风险的需求。金融危机以后，越来越多的企业开始重视银行的对手方风险，通过在多家银行操作业务分散此类风险，从而产生了快速获取其在多家银行账户内信息的需求，特别是实时记账及快速更新账户信息等功能。

财务管理技术与IT技术兼容的需求。越来越多的公司希望能够将支付系统、企业资源规划系统和财务管理系统进行整合。

附加值服务。许多公司还有诸如ISO 2002标准、企业资源规划系统中的流动性管理和基于商业信息的数据分析等附加服务的需求。

从国外的调研结果来看，改进支付流程已经拥有很高的优先级。短期的改进主要以顺应监管要求、提高操作效率、支持前端创新、稳定支付平台和支持POS机的多重功能等为目的；中长期的关注重点则包括建立集零售和对公业务于一体的支付平台、跨区域支付的中心化、数据分析附加服务以及特定产品的标准化等方面。

支付系统的创新也给银行和支付机构提供了更多合作的需求和空间。相比银行前台系统统一的界面和风格，传统银行的后台管理应用系统（风险分析管理系统、经营分析系统、客户行为分析系统、绩效评价系统、银行资源管理系统、办公系统等）在统一规划方面明显不如前台系统。要提高后台系统的整体性，最重要的工作是要整合基础平台，特别是数据库和应用平台。

云计算服务为大数据应用提供了成本低、灵活性强、性能好的海量存储和大规模计算环境，通过对源源不断的数据进行存储、处理、分析，将增值后的数据提供给用户，实现其社会和经济价值。随着数据规模爆发式增长，在线支付的挑战越来越大。基于云计算的分布式架构降低了对大型机的依赖，有助于中小金融机构通过与互联网企业等后台系统提供商合作，租用云服务实现轻资产化，降低金融服务成本，避免硬件的重复建设，还能支持高弹性扩展，以更高的效率应对日益复杂的互联网金融业务。

面对快速增加的支付数据的存储和处理需求，云平台等创新在提供灵活的扩展空间和强大的计算能力的同时，也带来了挑战风险。

"棱镜门"等安全事件的频频出现，让信息安全的重要性越来越受到关注，在金融领域尤甚。数据信息渗透到大数据产业链的每一个环节之中，中间环节的增加加大了个人隐私泄露的风险，也增加了后台系统提供商的信息存储和安全防范方面的挑战，规范支付机构和后台系统提供商对信息安全的管理有着重要意义。

从数据生成机制来看，公司和个人都已越来越明显地意识到数据逐渐成为重要的资产。数据生成机构可能为了自身利益，在一定程度上操纵数据的生成与报告结果；云计算依赖的大数据本身可能存在一定的局限性。因此，在甄别客户质量和评估信用时，还应综合考虑样本的代表性、数据运用的精准性和针对性，防范过度依赖带来的风险。

支付产品和模式多样化、市场参与者多元化的同时，也提高了交易的复杂性。新型支付和交易可能在纠纷和争议处理上更为困难，因此更需要尽快制定相关法律条款，防范产业链复杂性增加可能产生的法律风险。

支付服务是金融重要的基础设施，而云计算又是互联网支付发展的重要依托，市场过于集中不仅可能损害社会福利，而且一旦垄断后端服务商发生业务操作中断，可能影响整个支付体系乃至金融系统。加强云服务市场的有序竞争，防范业务集中度风险，对支付市场创新发展和稳健运行至关重要。

第四节

物联网的无孔不入

　　物联网作为战略性新兴产业的重要组成部分，已成为当前世界新一轮经济和科技发展的战略制高点之一[①]。

　　　　　　　　　　　　　——董新平《物联网产业成长研究》

　　物联网的发展对于加快经济发展转型，推动经济、社会的发展与进步具有重要的现实意义。为了促进物联网的发展，一些发达国家从国家利益出发，进行了科学的战略布局[②]。

1. 物联网、互联网+无孔不入

　　2010年，中国成为最大的制造商之一，并于2015年正式提出迈向制造强国的战略目标。2016年"两会"工作报告中指出，中国制造的转型升级将成为"十三五"开局之年的一项重要工作，需推动

① 董新平.物联网产业成长研究 [D].华中师范大学，2012.
② 邵丹，张岐，卢长鹏.探析物联网及其发展前景.农业网络信息，2012(2).

互联网和中国制造的深度融合，并提出"工匠精神"等新要求。

随着中国经济进入中高速增长，制造业领域也随之产生一些新困惑。服务业在GDP中的占比逐步高升，制造业在经济增长中将发挥什么样的作用？"互联网+"又如何与传统制造业企业接轨？

2015年服务业在国内生产总值中的比重首次占全国的一半，比工业高出10%。有人认为中国经济正在进入服务经济，超越工业经济时代。制造业的重要性是否正在减弱？

2015年产业结构变化是"三期叠加"的产物。第一是经济增长的客观规律——工业化达到顶峰，就业率达到全部就业的30%（中国在2010年达到），之后开始下降；第二，2008年经济危机前十几年的全球化和快速增长后，世界经济重新调整，全球需求收缩，中国出口自然下降；第三是中国宏观经济短期波动，自1992年以来，中国经济基本呈现出每7年一个周期的上升、下降交替，目前正处于下降期。"这就使得消费所占GDP比重上升，投资所占比重下降。在生产方面就是服务业比重上升，制造业比重下降。"

此外，虽然服务业比重上升是一个自然的过程，但一个大国的经济增长不能仅依赖于服务业，制造业才是中国经济的支柱。观察第二次世界大战之后，在从低收入进入高收入的13个经济体中可以发现，工业发展深入、制造业所占GDP比重超过40%是其普遍特征。

在当前中国经济领域中，"互联网+"热度极高，从2015年起，国家也推动中国制造和"互联网+"融合。2016年政府工作报告继续将"深入推进中国制造＋互联网"作为促进制造业升级的内容。对于传统制造业企业，采取互联网技术的线上信息处理，可以帮助其提高生产效率，优化资源配置，但也易使企业陷入是否要转型、如何转型的迷茫。姚洋认为，"互联网＋"模式并非所有企业都适合，转型与否依旧取决于企业自身需要和互联网基础设施建设能力。

对于广受关注的云端制造体系"互联网＋制造"，从个性化生产的需求量和制造能力考虑，中国要实现这一目标至少需要20年。他表示，德国工业4.0的基础是德国社会已经发展到个性化消费需求旺盛阶段，且德国已经走过30多年工业化和信息化深度融合的道路，具备进一步智能制造的能力。相比之下，中国仍处于大众化消费阶段，人们对个性化生产缺乏需求；且企业的互联网基础设施建设依旧任重道远。

面对"互联网＋"热潮，姚洋建议，制造业企业还是需要发展的定力，坚持自身优势，脚踏实地进行技术创新。如果进行互联网转型，则必须挖掘生产力，将流量变现，给企业自身和社会创造价值。

提及制造业发展的定力，姚洋多次提及德国模式。他认为相较美国的断崖式创新，德国制造业持续平稳的创新模式更值得中国借鉴。

德国制造的另一个重要经验是注重培养具备匠人精神的技术工人。高品质的德国制造早已成为德国的一张世界名片。而我国2016

年政府工作报告也提出了对制造业的新要求，即"工匠精神"。

作为中国制造强国战略第一个十年的行动纲领，《中国制造2025》规划中提及的先进制造、智能制造、"互联网+"等重点内容，成了两会代表的热议话题，来自安徽、宁夏和北京的全国人大代表对于规划在推进过程中面临的一些问题提出了建议。

受区域和行业发展不均衡的影响，国内多数制造业企业还处于工业2.0的阶段，工业基础大而不强，如果盲目追随潮流，拔苗助长，后果堪忧。有代表提醒业界人士需要对工业4.0实现的长期和复杂性有明确清醒的认识，政府、企业和媒体都要杜绝盲目投资，必须走工业2.0补课、工业3.0普及、工业4.0示范的并联式发展道路。

此外，做好顶层设计，统筹规划各种资源，避免重复或过度投资。要有计划、分步骤、分阶段地推进，以试点推进全局，每阶段设定主要工作内容与阶段目标，防止盲目快进。要理性应对，防止过度炒作导致民间资金疯狂涌入，控制投资风险和泡沫。

要大力提升工业基础能力，力争打破限制制造业发展的瓶颈。提高核心基础零部件(元器件)、先进基础工艺、关键基础材料和产业技术基础等四基发展的战略地位，打好工业基础，深入推进两化融合，加强市场竞争，转型和淘汰落后产能。企业从自身角度出发，提高生产、库存、管理、决策的信息化和自动化水平。只有大多数工业企业发展水平达到一定高度后，才拥有实现工业4.0的产业基础。

对于区域发展问题，全国人大代表、宁夏回族自治区石嘴山市市长王永耀指出，区域发展不平衡是中国经济面临的突出结构问题之一，制造业在区域分布上也呈现相似问题。目前华北、华东及华南地区是制造业发展水平较高的地区，虽中西部的发展正有所加快，但东、中、西部的发展差距仍然明显。

目前，国家明确要求整合财政专项资金，重点支持《中国制造2025》关键领域的发展。但西部地区工业基础相对薄弱，原材料等传统工业所占比重较大，难以在规划中提及的领域形成有效竞争优势。据此，王永耀认为，国家相关部门在支持制造业技术改造转型方面，可与中东部地区进行区分，对西部省区给予差异化的支持政策。建议设立西部地区制造业转型升级和技术改造专项，设立与中东部地区差异化的支持领域，重点扶持西部地区的纺织、轻工、原材料等传统制造业企业提高设计、工艺、装备、能效水平，在区域内单独筛选、倾斜支持，加强西部地区制造业发展水平。推动全国制造业根据不同区域的发展阶段，分层次协调发展，形成均衡科学的接续发展态势。

现代制造业技能人才的严重不足，严重制约了我国产业的转型升级。实践证明，大力发展职业教育，培养高素质的技能人才，才能提高产品质量，才能提高经济效益和劳动生产率，从而促进经济的持续健康发展。为此，全国人大代表、北京市总工会副主席赵郁建议，在政府相关主管部门的主导下，建立高质量的技能培训运行机制。按照质量第一和高端引领原则，重点展开就业技能、岗位技能提升和创业三类培训，建好技能人才培训、技能人才公共实训两类基地，建设高效能的培训项目开发、高质量的培训教师以及高水平的培训管理三支队伍。

2. 互联网公司该如何玩转物联网？

N22运用自研物联网无线通信技术，使企业在安全、实用、连通率极高的环境下可以快速开发自己的物联网产品，并迅速进入市场，为传统企业及互联网企业快速进入物联网产业奠定了基础。

似乎，互联网已无处不在，但有些事情暂时还不需要接入互联网，并不是不接入互联网这些东西就会被消亡，比如我们每天使用的家具、照明开关，对于用户习惯，有时候很难改变。

谷歌的人工智能AlphaoGo在"人机大战"大获全胜，人工智能再次被推向公众，无论是涉及人类未来生存危机的末日论，还是各个互联网公司对于人工智能的布局，在转折来临之前，人类面对人工智能可能带来的潜在危险还有很多年要等待。迫在眉睫的是基于在万物互联基础下IOT（物联网）的未来新世界：万物互联的时代已经来临，而人类还困在电脑和手机的信息时代中。

毫无疑问，在中国，近年来的互联网+、O2O等模式，使得互联网与传统企业的融合趋势加速，但更多的是互联网企业与传统企业之间的冲突碰撞，例如马云与王健林、雷军与董明珠的赌局，不管这背后是否存在商业目的，不可否认，传统行业与互联网的碰撞将会越来越激烈。

大型互联网公司纷纷在IOT时代布局：百度、360、小米等不甘示弱，各类智能电器、设备已经开始商用或者测试，比如小米推出的智能电视，百度车联网和无人驾驶技术，小米水质测试笔、路由器、空气净化器等。可以料想，互联网公司正尝试从人向物的延伸，这符合 IOT 概念的本意，但即便如此，也要注意到国内的 IOT 并非蓬勃发展。

尽管各家推出了自己的智能硬件产品，但更多的是单一产品，例如很多公司都推出同质化严重的网络路由器、网络摄像头等单品。所以很多公司更像是电卖场，而不是以技术为导向的物联网公司。

从传统互联网公司的 IOT 布局来看，起步速度仍较慢。仅极少数公司，推出了具有独立技术专利的产品，比如百度车联网和无人驾驶技术，利用地图、语音、导航、私有云、安全等技术，使汽车具有多种识别和判断能力。据媒体报道，百度即将在美国进行无人驾驶汽车的测试，不可否认，这是典型的 IOT 产品应用。

目前提出 IOT 概念的众多互联网公司，更多仍以营销和概念炒作为主，实际上并未完全进入 IOT 领域。其实 IOT 的应用并不局限于家庭，在农业、商业、工业的应用方面一直无处不在，提及 IOT 智能家居应用，国内依然落后于国外。国外（欧美发达国家）智能家居相对起步比较早，在有线技术方面相比起国内应用得更早更广泛，诞生了类似于 Control4、快思聪、ABB 等一些老牌智能家居厂商，在家庭影音、智能安防方面普及率相对较高，比如美国在智能安防方面基本上大多数的家庭都会安装。

国内互联网公司现有的 IOT 产品，在技术上也存在一些悖论：

（1）IOT 的去手机化。国内互联网公司推出的智能硬件，几乎都有一个共同的特点：即硬件+APP 化，而一家公司推出的智能硬件，有时候甚至不能与一款APP互通。这是因为国内互联网公司往往通过投资或者开放平台，吸纳一些团队和收购方式，将一些产品快速推上市场，利用自己的营销优势快速售卖。

实际上，IOT设备需要大量传感设备进行支撑，行业公认的技术规则是：未来的IOT世界，将会由无孔不入的传感器所覆盖，传感器用来搜集和学习相关数据，最终让设备达到自动调节的目的。显然，手机+设备并非IOT的优势，应被舍弃。

（2）互联网公司的产品场景不够。从市场的撬动而言，互联网公司一贯的思维是单品爆品，所以大多会通过设计出售单个产品，或者小套装，希望通过低门槛吸引大量用户，从而产生海量的数据并吸引用户产生二次消费。但由于产品思维是单品爆品，产品就会比较单一，跟其他产品关联性较差，较难给用户带来系统级的智能家居体验。

扩充产品线的时候，可能不同的产品会是不同的团队（甚至不同的公司）来做的，那么在系统层面上的互联互动就会比较差。所以，当下互联网公司的智能家居产品数量，不能支撑完整的IOT应用，例如，从家到社区，从社区到车联网的互通以及场景利用。

（3）互联网的互动入口论。智能设备入口论，以及人工智能的介入，国内的互联网公司给民众描绘了一幅蓝图，但根据国际IOT智能家居应用，从策略而言，国内互联网公司并不擅长做这么多的产品，其更关心用户的数据，所以会将所有数据交换至云端，其结果就是用户体验下降，比如延时、不能断网等。

从物联网技术角度，M2M（Machine-to-Machine）即设备之间是互相能够自主通信交换信息的，其前提是产品和传感器足够多，这意味着用户无需通过手机 APP 进行操作和设置，是出于无人工智能的前提下。若是再加上人工智能和机器学习（Machine Learning），物联网的未来就会脱手机化、脱中心化，形成真正意义上的万物互联的高级智能。因此，互联网公司缺产品，仅依靠数据，强调APP的功能强大乃至社交和电商属性，也是与IOT背道而驰的。

（4）智能家居来自传统企业。在国际舞台上，智能家居领域多是谷歌、三星、苹果等当下巨头。然而，即便谷歌以32亿美元收购智能家居设备初创公司Nest，Nest背靠谷歌又以5.55亿美元收购云智能摄像头厂商 Dropcam，但在智能家居领域谷歌仍算不上巨头。

三星也是如此，三星积累相关专利，拥有各类智能家电，同时以2亿美元收购智能家居平台SmartThings，可是三星电子还是三星电子，在智能家居领域也称不上领头羊。

国内互联网公司的发展，似乎还是有点慢，但是传统企业全部发力，如华为继苹果Homekit之后，发布HiLink协议，这是早前华为推出的LiteOS物联网操作系统的一个链接点，类似苹果的Homekit，兼容ZigBee、WiFi和蓝牙等多个通信协议，被称为物联网设备之间的"普通话"。

IOT在现阶段用户的需求还是建立在产品本来的功能基础上的，

在附加价值还没有凸显之前，传统企业耕耘多年建立的产品体验方面的积累有先发优势，这些都是互联网公司所不具备的。

国内互联网似乎是想界定自己的IOT标准，但国际上有zigbee联盟等协议制定机构，世界500强很多公司也在该领域经营多年，国内互联网公司的做法其实并不能缓解目前缺少产品的困境，反而会使技术门槛越来越高，互联网公司原有的软件技术优势在短时间内可能无法颠覆现有的行业格局，传统企业的优势在于已经建立的产品认知、品牌和更接地气的落地，售后渠道完善，相比之下，留给互联网公司的时间真的不多了。

3. 运营大数据时代的到来

目前我国正处于大数据快速发展的尾部，接着会进入到成长阶段，2020年会进入成熟阶段。实际上关于大数据，马云也提及，现在是从IT到DT的时代，这个DT指的是数据技术，也就是说数据将会成为未来的一种资源，怎样利用数据，这是一种技术。2012年3月，美国奥巴马政府颁布《大数据研究和发展计划》，也就是说大数据上升为美国国家战略。它不仅意味着更加重视信息安全，也意味着美国已经意识到了，在未来的国家发展、工业生产和农业生产过程中，数据将会获得像基础原材料一样重要的地位。

大数据的采集是有一个发展历程的，从早先的时候只有线下的静态数据，如一个人的信息在过去，可能只会存储这个人的身份证号、身高、姓名、照片。但到了PC互联网年代，开始有部分动态数据，比如说上网搜索记录、浏览网站、采购的产品或者登录的论坛，开始拥有一些动态数据。但是真正进入动态数据是在移动互联网年代，手机作为移动数据采集器，再加上智能手表、智能手环等，它就开始提供了人的定位，即经常出没的地域，采购的物品，开始跟地理信息有所结合，甚至可以采集一些心跳、运动量等数据。这就是一个人真正的动态数据被采集。

那么，在未来实际上物联网讲的就是万物相连，甚至家里面的电冰箱、电视机这些都是数据采集器，可能躺在床上不动，家里面也会产生各种各样数据传到网上去，这就是数据采集的过程。随着数据采集的手段越来越丰富，数据量越来越大，如何从数据量里面获取到有用信息，这就会越来越成为一个技术，或者一个题目。

大数据现在正在影响我们的日常生活，我们从B端和C端分开来看，B端是企业应用，C端是个人生活当中的应用场景。C端相对来说应用比较领先一点，比如说衣食住行，加上医疗、金融理财等。现在人们注意到广告，实际上它可以根据你经常出没的场合推算出你的消费能力，可以针对性地推送一些广告。在B端实际上现在已经开始逐步体现出来了，比如说银行贷款，早些年银行不会做小额个人贷款，因为在贷款之前有一个征信的过程，获取征信成本很高。后来阿里上面有太多个人消费数据，通过这些行为和数据，可以以特别低廉的成本去完成征信。

现在在企业领域也是这样，以前作为企业贷款征信特别复杂，当然作为企业包装一下，去骗贷也是层出不穷的。但是随着大数据的普及，银行对企业做征信调查的成本也在不断地降低。

提及大数据，人们往往会感觉自己的隐私遭到侵犯，第一反应是数据传到网上会被窥探。实际上人们忽略了大数据最重要的一部分——深数据。深数据是什么？就是数据是由你自己产生，并放置在互联网上，经过挖掘、分析，跟各类大型公共数据库样本进行比对之后，最后的结果反馈。深数据是为自己服务，这是极具有价值的部分。

正如同冰山图，在个人领域，通过智能手表和智能手环采取了心跳和运动量等各种各样数据，这只是冰山的表面情况，放置网上进行比对，随后的结果反馈，如有隐患、需要加强注意部分、预测和警报等，才是极为重要的。在企业领域里也是如此，企业展现外部的数据也是小的部分，它要通过数据挖掘、统计、洞察，把冰山藏在水面下的部分告诉企业，让企业尽早避开风险。

腾讯是以连接人和人来起步的。可以试想，在连接人和人之后，会进入连接人和服务的领域。QQ把人和人连接之后，加载了游戏、新闻、微博等这些服务。现在微信也开始往上叠加采购、打车等，其实最后要进入人和服务。阿里也是一样，最早通过商品再进入人和服务领域。百度原来是连接人和信息，现在也开始准备进入人和服务了。

　　大数据会有一个金字塔模型，从最底层数据基础平台，用来存放最基础的数据，随后在上面即可进行简单一点的，如说与业务、运营、监控相关，再到用户洞察、体验优化，现在其实较多企业已经如此。如可以分析库存量，智能地调整库存量，可以从事用户注册、下载等一系列的数据链来调整用户的引导过程。实际上在网上就是精细化的运营与营销，才刚进入大数据应用的门槛。再往高层可以利用大数据进行业务市场的传播、业务经营分析以至于最高的战略趋势的预测等。

　　在大数据时代，实际上企业办公和运营都会体现一些新的特点。如会加快工作量化进程，还有数据存储集中化、智能化终端、使用云计算服务对接企业信息技术平台。

　　利用大数据不仅可以在社会上做基础设施，进而培养产业链，也可以解决用户购买商品、通信、社交等需求。同样在企业里面也能够发挥很多作用，现在很多企业都有数据挖掘、数据服务等方面的需求。其实跟C端对标一下，如说通过智能手环采集你的健康数据，这些健康数据放在家里是没有什么作用的，它一定要进入到互联网上，去跟海量数据池进行比对，最后的结果反馈回来才有价值。

　　在企业里面也是一样，很多中小企业都会产生大量的数据，但是仅仅是放在自己的服务器上，并没有让它发挥出作用。但是它们有这方面的需求，也就意味着现在互联网上需要有这样一个公众的为中小企业提供数据分析、数据挖掘服务的平台。总体而言，得数据者得天下。

第八章
创新创优与产业国家转型

第一节
产业发展模式与现状

　　认识新常态、适应新常态、引领新常态，是当前和今后一个时期我国经济发展的大逻辑。习近平同志指出："适应和引领我国经济发展新常态，关键是要依靠科技创新转换发展动力。"党的十八届五中全会也明确提出："必须把发展基点放在创新上，形成促进创新的体制架构，塑造更多依靠创新驱动、更多发挥先发优势的引领型发展。"历史经验表明，创新从来都是决定一个国家竞争成败和发展成效的关键。

——张来明《以创新引领产业转型升级》

　　产业转型升级是产业从价值链的中低端走向中高端的过程，是全面提升产业竞争力和经济迈进新阶段的关键。在经济新常态下，我国产业进行转型和升级面临着诸多新趋势、新机遇，同时也面临着新矛盾、新挑战。

1. 粗放型发展模式过度消耗资源

自改革开放以来，中国经济飞速发展，已成为世界第二大经济体；人民生活水平不断提高，2020年将实现全面建成小康社会的战略目标。但是，成就大，代价也很大，总体上仍属于粗放型发展模式，且过度消耗能源、资源，严重破坏生态环境，不少矛盾和问题累积，如结构不合理、产能过剩、经济质量和效益低等。目前，随着我国经济发展进入新常态，以及印度、越南等新兴经济体威胁我国低成本竞争的优势和欧美发达国家"再工业化"战略的实施，客观上造成我国制造业"两头挤压"的局面。这种高资本投入、低成本竞争、高污染排放、高资源消耗、低效率产出的发展模式已步履维艰。

穷则变，变则通。要想继续发展，就要勇于创新。在国际竞争日趋激烈和我国发展动力转换的新阶段，我们必须坚持创新驱动，推动产业转型，实现由粗放型向集约型的转变，从价值链中低端转向中高端，为经济可持续发展以及迈向新经济提供新的动力[①]。

2. 产业创新发展面临的突出矛盾和困难

近些年来，我国在推动技术创新、促进产业转型升级方面取得巨大进步，新技术、新产业加快促进经济增长。如在新一代移动通

[①] 龚家友.新常态下中国经济增长的路径选择.今日湖北，2015(11).

信领域，中国建立起具有自主知识产权和国际竞争力的移动通讯产业链条和通信网络。在能源领域，水力发电、超超临界发电等一批技术达到世界先进水平，特高压交流电压成为国际标准，核电、风电、太阳能发电等新能源技术和装机容量处于世界领先地位。在轨道交通领域，高速铁路总体技术水平进入了世界先进水平。在互联网领域，中国企业技术创新、商业模式创新的能力升级较快，全球十大互联网公司中有四家为中国企业。在生物医药领域，中国企业的基因测序水平也已走在世界前列，形成了技术创新与产业发展相互推动促进的模式。

国务院发展研究中心对近 2 500 名企业经营者的调查发现，大多数企业具有较强的创新意识，超过 2/3 的企业"高管有清晰的创新战略"，2008—2014 年企业研发投入占销售收入的比重提高了 2 个百分点，大学以上学历员工比重上升了 10 个百分点。

但总体而言，目前我国产业的创新发展仍面临很多突出的矛盾和困难，企业创新意识、能力和环境仍有待改善。上述调查同时显示，从创新意愿的角度出发，企业家由于经济环境的变化，对增加创新投入仍保持谨慎态度，在"增加创新投入"和"引进人才"的意愿上，2014 年比 2008 年分别下降了 11 个和 8 个百分点。从创新能力的角度出发，多数企业创新主要依靠模仿性、渐进性创新，原创性、突破性创新偏少。从创新环境的角度出发，目前在财政金融支持政策、知识产权保护等仍需进一步加强。例如，企业创新投入资金来源比较单一，自有资金达到 91%，通过资本市场获得创新资金的渠道仍然不畅通。

麦肯锡2015年7月的研究显示，虽然中国已具备成为全球创新领导者的潜力，但创新对中国经济增长的贡献近年来有所下降。从1990年到2010年，代表广义创新的全要素生产率贡献了40%～48%的国内生产总值增长，而近五年创新仅贡献了30%的增长。从现在起到2025年，为了将年增长率维持在5.5%～6.5%的水平，至少需要让全要素生产率的贡献达到35%～50%。

以专利指标为标准，2014年国家知识产权局共受理发明专利申请92.8万件，同比增长12.5%，连续4年位居世界首位。但与发达国家相比，专利的质量和水平差距依然较大。2014年，中国企业共申请了26 472项欧洲专利，占全部欧洲专利申请数的9%，与美国等发达国家相比依然具有较大差距。此外，中国的专利申请主要集中在数字通信等少数领域，仅华为和中兴通讯两家公司就占据了申请总量的70%。

以科技成果转化为依据，企业、科研机构、高校之间尚未建立起知识创新、技术研发和成果转化密切结合的有效机制。一方面，许多科技成果难以转化为现实生产力；另一方面，大量企业缺乏先进适用技术。多方面原因导致此现状，如，科研机构和高校原始创新能力不强，为产业发展提供科技服务的能力不足；评价体系不合理造成科研人员缺乏创新成果转化的动力；专业技术服务机构的功能难以满足企业创新需求。

依据创新体制和政策而言，市场机制作用难以全面发挥，政府作用发挥不足。一方面，科技资源的分配方式和配置机制存在的特点是典型的政府部门主导，科技资源分散封闭，投入结构不尽合理；科研短期行为严重，绩效管理有待加强。另一方面，由于企业准入和竞争存在不公平，要素价格不能完全反映市场需求和资源环境成本，近些年资源能源、房地产、金融行业的整体收益率普遍高于实体经济部门，导致实体经济部门的人才、资本等创新要素严重流失，企业创新积极性严重受挫。

第二节
以创新创优为产业导向

　　创新驱动是经济发展的更高级阶段。美国著名经济学家迈克·波特在对几十个国家的竞争优势做详细分析的基础上，将各国经济发展分为要素驱动、投资驱动、创新驱动和财富驱动四个阶段。相比较而言，创新驱动是经济发展的最佳状态。按照波特"四个阶段"理论，我国现在正处于从要素驱动和投资驱动向创新驱动跨越的重要阶段，完成这个"跨越"对于实现"两个一百年"目标，实现中华民族的伟大复兴至关重要[①]。

　　　　　　　　　——林念修《创新是引领发展的第一动力》

　　创新驱动是大国走向现代化的唯一途径。纵观美、英、德、日、韩等国家的发展历程可以发现，创新驱动发展是大国走向现代化的

---

　　① 林念修.创新是引领发展的第一动力.行政管理改革，2015(10).

必经之路，各国成功实现创新驱动转型的秘诀在于顺应技术趋势和经济规律，主动求变、勇于创新。

1. 以创新要素的质量提升和结构优化为核心

产业转型升级的关键是从价值链低端转向中高端，是提高产业发展的质量和效益①，而提高产业发展质量和效益的关键又是提高劳动生产率和全要素生产率，进行创新要素质量的全面提升和结构优化。

首先，要全面推动劳动力要素的升级和结构优化。比较过去的劳动力结构，现在我国每年700多万的大学毕业生是产业转型升级的坚实人才基础。未来一段时期，应按照社会经济的发展需求，进一步深化高等教育体制改革，把精英教育与创新创业教育相结合，加强职业技能教育体系，培养一批高水平技术工人。

其次，要促进资本要素的升级和结构优化。对于创新和产业转型升级而言，资本有好坏之分，政府投资不能形成对社会投资的"替代效应"，金融发展不能形成对实体经济的"攫取效应"。从财政资金而言，要改革科技投入和评价体系，进一步发挥政府资金的导向作用，强化企业的主导地位，提高全社会研发资金的使用效率。从金融体系而言，要发展"创新友好型"的金融体系，完善多层次资本市场，以资本要素促进创新创业和产业转型升级。

---

① 王岳平.追求更高增长质量和效益的产业结构调整.宏观经济管理，2014(10).

最后，必须坚持推进公共资源配置市场化。打破行业垄断、行政垄断和地方垄断，加强竞争和统一市场，使土地、矿产等稀缺的公共资源能够成为产业升级的杠杆，而不是输送利益的手段。

2. 以产业链引导创新链，以创新链支撑产业链

党的十八届五中全会明确提出了"构建产业新体系"的目标和任务。"产业新体系"即能够适应新一轮全球产业革命和技术进步的方向，充分发挥现阶段我国的比较优势，结构合理、层次明确，具有较强国际竞争力的现代产业体系[①]。要建立新的产业体系，必须要统筹谋划产业链以及创新链的定位、布局、衔接、互动与优化，建立产业和创新要素优化配置、上下游有机联动的机制。

首先，要利用《中国制造：2025》的机会，全面提高制造业的整体技术能力和生产水平。围绕重点产业领域发展，整合现有科研院所、企业资源，形成关键技术和共性技术研究体系。加大技术改造和设备更新力度，推动建立一批由企业、科研院所和高校协同参与的产业创新战略联盟。推动工业化与信息化的融合互动，提升智能化制造的水平。加强工业基础能力建设，加强"基础材料、基础零部件、基础工艺、基础制造装备"的研发、设计和制造能力。

其次，要促进制造业和服务业的深度融合。两者的深度融合不仅可以不断变革、创新制造方式和服务业态，通过制造业的智能化、

---

① 沈凌云. 基于比较优势的现代产业体系构建路径——以曲靖经济技术开发区为例. 曲靖师范学院学报，2017(2).

网络化、数字化、服务化，如发展柔性制造、个性化制造、产品定制等，大力提升制造业增加值，并促进生产性服务业的发展。

再次，要探索建立和完善以创新引导产业转型升级的生态环境。深圳等地在此方面的成功经验表明，以产业链引导创新链，以创新链支撑产业链，关键是建立和完善一个良好的生态系统。加强知识产权保护力度，增加知识产权附加价值。要创新产学研机构之间的研究开发和科技成果转化模式，形成利益共同体。要搭建专业化的创新服务平台，努力培育"鼓励创新、宽容失败"的文化氛围。

3. 全球化视野，开放合作

与全球技术前沿相比，中国绝大多数产业领域的技术水平还存在一定的差距，因此，以创新引领产业转型升级不可能在一个封闭的条件下完全依靠自己的力量去完成。必须加快建设开放型经济新体制，实施新一轮高水平、高层次的对外开放合作。

要紧密跟踪国际最新技术创新和产业发展动态，以问题为导向，以需求为指引，高标准、大范围、跨领域进行国际经济技术交流与合作，整合和集成全球创新资源，在合作中增强技术创新能力和产业发展水平。

要充分利用中国的市场优势、产业条件和人才基础，通过建立开放实验室、产业创新联盟、创新孵化器等多种模式，加强与国际大企业、研究机构和大学之间的战略合作。

鼓励中国企业在"走出去"和推动国际产能合作过程中，通过收购兼并或与发达国家研发机构、企业的合作，在海外建立研究开发基地，借助国外先进技术、品牌优势，扩大中国企业的国际市场空间，提升中国制造业的全球影响力和竞争力。

后　记

正值大众创业、万众创新的风口，3W咖啡作为中关村第一家众筹咖啡，又是众筹这种当时最新最热的形式的力行者，而且创始人又是一群搞互联网的年轻人，3W可以有一个标签，一个互联网的圈子。随着圈子的扩大，3W洞察到了来自创业者更多、更深层次的需求，开始探索创业服务生态体系的建设。当我坐在上海伯衡55书吧，喝着咖啡，想写点什么时，刚才一幕映入眼帘。

这是一个伟大的时代，不知何时起，"创业、创新、创优"一下子变成了一个热词，从官媒到朋友圈，从线上到线下，各种不同对象、不同类型的双创活动如火如荼。创新涵盖的领域非常之广，不仅是科技，更包括商业模式，包括企业的组织形式、管理理念、政商关系、社会契约等多个方面。

我以为，目前的创优还是从工匠精神着手，像瑞士那样朴实：200多年前的瑞士还是偏僻的山村，粗犷的瑞士人以放牛为生；还盛产雇佣兵。30年宗教战争期间，忠实的瑞士人保护着罗马教皇，东躲西藏，以至于梵蒂冈教皇规定，城里的士兵永远来自瑞士；法国人民进攻凡尔赛，只有170名瑞士雇佣兵，却坚守了3天，全部就义，无人投降，有一个死去的士兵仍然保持着用手尽力往外拔插入身体的断箭的姿势。

瑞士手表当然也经历曲折。20世纪80年代，日本韩国电子表风行天下，传统的机械表几乎面临世界末日，瑞士几大著名品牌表厂躲在山谷开了个会，共同出资，打造电子表，就是现在的斯沃琪，这款当时最薄的电子表。瑞士是目前唯一对中国出口顺差的欧洲国家。

以这两件事来看后来诞生的苏黎世金融中心，我想，这也就是一种"极客"（Geek）精粹。创优就要有职业操守。

本书的完成要感谢很多同事，上海商业发展研究院刘斌副院长为本书的完善提供了宝贵的意见，上海昇和投资执行董事冯逸舟承担了第五章的撰写工作，上海商业发展研究院余倩承担了第七章材料收集、整理和提炼工作，上海商业发展研究院朱戈亮为本书的完成也付出了辛勤的劳动；上海师范大学硕士研究生龚烨、吴姝璇、秦晔承担了大量的资料收集和校对工作，在此一并致谢。

本书的顺利出版，也要感谢上海商学院领导的关心。对各位领导的关怀和厚爱，我们永远铭记在心。

由于本书的内容和特点，我们尽力做了广泛的资料收集和部分引用工作。本书如存在不妥之处，还请指正。

冯叔君

2017年仲秋之夜

图书在版编目（CIP）数据

产品智造：企业如何创新创优／冯叔君，冯逸舟，余倩编著.—上海：东方出版中心，2018.4
ISBN 978-7-5473-1248-3

Ⅰ.①产… Ⅱ.①冯…②冯…③余… Ⅲ.①企业创新—研究 Ⅳ.①F273.1

中国版本图书馆CIP数据核字（2018）第025795号

产品智造：企业如何创新创优

出版发行： 东方出版中心
地　　址： 上海市仙霞路345号
电　　话：（021）62417400
邮政编码： 200336
经　　销： 全国新华书店
印　　刷： 上海景条印刷有限公司
开　　本： 890×1240毫米　1/32
字　　数： 162千字
印　　张： 8
版　　次： 2018年4月第1版第1次印刷
ISBN 978-7-5473-1248-3
定　　价： 39.00元

东方出版中心邮购部　电话：（021）52069798